H A N Y U H U I H U A

• 한국외국어대학교 중국어과 •

중급중국어회화

中级汉语会话

《中级汉语会话》

머리말

국내 중국어 학습자의 수가 매년 큰 폭으로 증가하고 있다. 양적 팽창은 필연적으로 질적 향상을 유발한다고 했던가. 학습자의 수가 늘어나면서 학습자의 수준 또한 초급자에서 고급자에 이르기까지 다양한 분포를 보이게 되었다. 이러한 중국어 학습자의 수준별 다양화 추세에 비해 학습서 개발 및 출판은 아직 대체로 입문서 및 초급자용을 위한 교재에 눈높이가 고정되어 있는 듯하다. 중급 및 고급자용 교재가 간혹 눈에 띄기도 하지만 거의 모두가 중국에서 집필된 책을 번역하여 소개하고 있는 정도이며 이도 '대상에 대한 적합성'이란 각도에서 볼 때 한국인 학습자에게 적합한가라는 질문에는 긍정적인 답을 내리기가 곤란한 면이 있어 보인다.

본 책 『中级汉语会话』는 이와 같은 상황 인식에서 출발하여 '针对具有中级水平的韩国学生而编写(중급 수준을 가진 한국인 중국어 학습자를 위한 교재 집필)'이라는 목표를 설정하고 기획, 집필되었다.

상기 대 원칙은 본 책이 갖는 아래의 세 가지 특징을 통해 구체적으로 실현하고자 하였다.

첫째, 중급자에 맞는 내용 구성을 위해 어휘 및 문법항목은 중국의 외국인을 위한 중국어교육 관련 기관에서 제정한 '汉语水平等级标准'을 객관적 준거로 삼아 '어휘 5253개 이내, 문법항목 652개 이내'라는 기준에 최대한 부합하고자 하였다.

둘째, 각 과의 본문내용은 한국에서의 실생활에서 일어날 수 있는 한국적 상황을 주로 다루었다. 필요에 따라서는 중국관련 내용도 적절히 소개함으로써 양국의 일상에서 흔히 접할 수 있는 상황에 대한 균형 있는 이해가 가능하도록 하였다.

셋째, 실용적인 표현들로 본문을 구성하였다. 큰 틀에서의 의미 전달에는 무리가 없으나 중국인의 입에서는 잘 들어볼 수 없는 소위 '죽은 표현'들은 최대한 지양하고 실제 중국인들이 자주 사용하는 표현들을 다량으로 소개함으로써 학습자로

하여금 '한국적인 내용을 중국어답게 표현할 수 있는' 지침이 되도록 하였다.

《中级汉语会话》의 구성은 다음과 같다.

본 책은 총 25개의 과로 구성되었고 매 과는 课文, 生词, 词语搭配与扩展, 注释, 练习 등으로 짜여있다.

첫째, 课文을 상황 1, 상황 2의 두 개의 상황으로 세분하여 한 주제 하에서 일어날 수 있는 다양한 상황을 제시하고자 하였다.

둘째, 生词에서는 본문에서 출현한 새 단어와 의역 위주로 구성된 각 단어의 의미를 제시하였다.

셋째, 词语搭配与扩展은 각 과에 출현한 단어 중 상용도가 높은 것을 취사선택하여 다른 어휘들과의 결합상황을 풍부한 예를 통해 제시함으로써 어휘 활용 능력을 향상할 수 있도록 하였다.

넷째, 注释에서는 본문에 출현한 표현과 어휘 중 설명이 필요한 것들을 골라 다양한 예문을 통해 쉽게 풀이하였고, 문법관련 사항에 있어서는 단편적 문법지식의 전달을 지양하고 해당 표현의 활용에 유용한 정보 전달에 주력하였다.

다섯째, 练习에서는 각 과에서 배운 내용을 다양한 문제 형태로 복습할 수 있도록 하였다. 특히 '请你说说', '成段表达训练' 부분을 두어 수업 현장에서 학생이 주체가 되어 선생님과 함께 해당 주제를 가지고 말하기 연습을 할 수 있도록 하였다.

본 책의 집필에 힘이 되어준 분들이 많다. 본교 대학원의 임재호, 백지훈, 이영춘, 장기, 권금옥 선생께 고마움을 전하며 조판과 교정, 출간에 이르기까지 어려운 고비마다 인내심을 가지고 애써주신 한국외국어대학교 출판부의 여러분께도 각별한 감사의 뜻을 전한다. 아무쪼록 본 책이 중국어 중급수준의 학습자들이 자신의 실력을 다지고 한 걸음 더 향상시켜 나갈 수 있는데 미력하나마 도움이 되길 기대해본다.

2008년 3월

한국외국어대학교 중국어과

교재편찬위원회

목 차

중급 중국어 회화

第 1 课

在市场

情景 1

素英	今天天气这么好，闷在家里怪可惜的[1]。 咱俩去商场逛逛吧！
爱华	你想买什么？
素英	打算买一套衣服和一些生活用品。
爱华	百货商场东西太贵，还是去东大门市场买吧[2]。 那儿的东西物美价廉。
素英	市场东西便宜倒是便宜[3]，但我不会讲价， 怕让人家当成冤大头给宰了[4]。
爱华	有我呢，怕什么？

(在服装市场摊位前)

爱华	素英，你看那套怎么样？
素英	我也一眼相中了，不知多少钱。
爱华	那边的两件套怎么卖？
老板	这是今年的最新款，十八万。
爱华	老板，我们诚心买，最低价多少？
老板	我们这儿比哪儿都便宜，十八万是打完折的价格， 不能再低了。
爱华	东西不错，就是太贵了，少算点儿。十三万行不行？
老板	十三万连本钱都划不来。您别把价钱砍得太低了， 再加点儿。
爱华	那就算了，对不起，我只有十三万。

(她们转过身走了几步)

老板	哎，你们回来，十三万你们拿走吧，你们这两个小姑 娘太厉害了。我可服了你们了。

生词

闷	mēn	틀어박혀 나가지 않다
怪	guài	무척
可惜	kěxī	아쉽다, 애석하다
物美价廉	wùměijiàlián	제품의 품질도 좋고 가격도 싸다
冤大头	yuāndàtóu	돈을 함부로 쓰는 어리숙한 사람
宰	zǎi	손님에게 바가지 씌우다
摊位	tānwèi	노점
一眼相中	yìyǎnxiāngzhòng	한눈에 맘에 들다
两件套	liǎngjiàntào	투피스
款	kuǎn	디자인, 스타일
诚心	chéngxīn	진심으로
打折	dǎzhé	할인하다
就是	jiùshì	다만, 단지
划不来	huábulài	수지가 맞지 않다
砍	kǎn	(가격을) 깎다
转身	zhuǎnshēn	몸을 돌리다
服	fú	탄복하다, 복종하다
厉害	lìhai	대단하다, 심하다

情景 2

浩杰	这个农贸市场可真大啊!
民秀	这个市场是附近楼区中最大的一个，要什么有什么，价钱也很便宜。

(在水果摊位前)

浩杰	老板，这红富士怎么卖？
老板	三个两千块。
浩杰	咦，是论个卖呀，怎么不论斤卖呢[5]？
民秀	这是韩国，不是中国。这不挺好的嘛[6]，省得他们拿你做文章[7]。缺斤少两的，买了也闹心。
老板	您来多少？
浩杰	甜不甜？
老板	又脆又甜，特别爽口。
浩杰	给我来六个，草莓怎么卖？
老板	草莓一盒四千五，不甜不要钱。
浩杰	真贵，老板，下面的也和上面的一样大吗？
老板	这个您放心，不一样包退包换。
浩杰	来一盒草莓，一共多少钱？
老板	共八千五。

生词

农贸市场	nóngmàoshìchǎng	(농산물 위주의) 시장
楼区	lóuqū	(건물들이 모여있는) 단지
富士	fùshì	부사(사과의 일종)
论	lùn	～에 따라, ～을 기준으로
省得	shěngde	～하지 않도록
做文章	zuò wénzhāng	어떤 일을 기회삼아 뭔가를 도모하다
缺斤少两	quējīnshǎoliǎng	제품의 무게나 양이 모자라다
闹心	nàoxīn	골치 아프다
脆	cuì	바삭바삭하다
爽口	shuǎngkǒu	(맛이)개운하다, 시원하다
草莓	cǎoméi	딸기
包	bāo	책임지다, 보증하다
共	gòng	모두, 전부

词语搭配与扩展

1 打算

1) 动词

- ~+동사　~去 / ~回家 / ~改革 / ~参观
- ~+형용사　~好了 / ~错了 / ~得周到 / ~得妥当 / ~得细致
- ~+수량사　~一下 / ~了好几遍
- 동사+~　需要~ / 用不着~
- 형용사+~　认真~ / 仔细~ / 详细~
- ~+명사　~的办法 / ~的结果 / ~的事情

2) 名词

- ~+동사　(他的)~实现了 / (这个)~放弃了 / (原来的)~改变了
- ~+형용사　(他的)~周到/ (他的)~妥当 / (这个)~严密
- 동사+~　实现了(他的)~ / 改变了(原来的)~
- 명사+~　长期~ / 最初的~ / 过去的~
- 형용사+~　(很)好的~ / 正确的~ / 原来的~
- 수량사+~　一个~ / 两种~
- ~+명사　(这个)~的目标 / (这个)~的意图 / (这个)~的好处

2 便宜

1) 形容词

- 명사+~　价钱~ / 物价~ / 车费~
- ~+형용사　~得多 / ~得恰当
- ~+수량사　~一点儿 / ~一些
- 동사+~　觉得~ / 认为~ / 显得~
- 형용사+~　确实~ / 同样~ / 明显地~
- ~+명사　~的价格 / ~的物价 / ~的车费

2) 名词

- ~+동사　~捞不到 / ~获得了 / ~占不着
- 동사+~　贪~ / 有~ / 占~ / 得到~/ 讨~
- 명사+~　个人的~ / (占)别人的~ / (占)国家的~
- 형용사+~　大~ / 小~ / 真正的~ / 更多的~
- 수량사+~　这种~ / 一些~ / 一点儿~

3) 动词

- ~+명사　~了别人 / ~小女儿 / ~青年人 / ~了骗子

3 放心

- 명사+~　母亲~ / 爸爸~ / 领导~ / 群众~
- ~+명사　(不)~(她的)女儿 / (不)~(他的)身体 / (不)~家里
- ~+수량사　(没)~(过)一次 / ~(过)几天 / ~(过)一阵儿
- 동사+~　决定~ / 希望~ / 需要~ / 开始~
- 형용사+~　真~ / 的确~ / 实在~ / 完全~ / 有些~(不下)
- ~+동사　~地睡觉 / ~地休息 / ~地学习 / ~地开车

注 释

1 闷在家里怪可惜的

'怪'는 '아주, 매우'의 뜻으로, 정도가 상당히 높음을 나타내는데, 주로 구어에서 많이 쓰인다. 뒷부분에 '的'가 와서 호응을 이룬다.

1) 他心理怪难受的。
2) 这孩子长得怪可爱的。

2 还是去东大门市场买吧

'还是'는 몇 가지 선택 사항 중에서 비교나 고려를 거쳐서 비교적 좀 더 나은 쪽을 선택함을 나타낸다. 문미에 종종 '吧'나 '好'가 와서 호응을 이룬다.

1) 你比我熟悉情况, 这个会还是你去参加吧。
2) 作飞机太贵了, 还是坐火车吧。

3 市场东西便宜倒是便宜

'倒'는 '비록~지만'의 의미로 양보를 나타낸다. 뒷문장에는 '就是', '但是', '不过' 등이 쓰여 호응을 이룬다.

1) 东西倒挺好, 就是贵。
2) 我倒没什么, 就怕别人有意见。

4 怕让人家当成冤大头给宰了

'让'은 주어에서 '被'와 같은 용법으로 사용되기도 하는데, 이때 '让'뒤의 행위자는 생략될 수 없고 '给'는 동사 앞에서 쓰여 처리의 어기를 더욱 강조한다.

1) 茶碗让他给摔碎了。
2) 他把自行车给修好了。

5 论个卖呀，怎么不论斤卖呢？

'论'은 '~에 따라, ~을 기준으로'의 뜻으로, 어떤 단위를 기준으로 함을 나타낸다. 그래서 '论个卖'는 '개수'를 기준으로 판매한다는 뜻이고, '论斤卖'는 '무게'를 기준으로 판매한다는 뜻이다. 중국은 한국과 다르게 대부분의 농수산물은 무게에 따라 매매가 이루어진다.

6 这不挺好的嘛

'嘛'는 문장의 끝에 쓰여 그렇게 하는 것이 당연하다는 어기를 나타낸다.

1) 这是我的家嘛，我当然要回来。
2) 有什么话就说说嘛。

7 省得他们拿你做文章

'省得'는 '~하지 않도록'의 뜻으로, 복문 중 뒷문장의 첫머리에 쓰여 앞문장의 목적이 어떤 좋지 않은 상황이 발생하는 것을 방지하기 위한 것이라는 것을 나타낸다.

1) 还是早点儿回去，省得妈妈着急。
2) 把水龙头开小点儿，省得浪费。

练 习

1. 用正确的语调读出下面的句子：

❶ 今天天气这么好，闷在家里怪可惜的。
❷ 有我呢，怕什么？
❸ 我们这儿比哪儿都便宜，十八万是打完折的价格，不能再低了。
❹ 我可服了你们了。
❺ 这个农贸市场可真大啊！
❻ 咦，是论个卖呀，怎么不论斤卖呢？
❼ 这个您放心，不一样包退包换。

2. 替换划线部分的词语：

❶ 我们这儿比哪儿都便宜。
　这个　哪个　好看
　他　谁　能干

❷ 东西不错，就是太贵了。
　好吃是好吃　油太多
　天气很好　有点干燥

❸ 这个农贸市场可真大啊！
　张老师　好
　他的女朋友　漂亮

❹ 要什么有什么。
　想吃　做
　说　听

3. 用下面的词语造句子:

❶ 打算
❷ 还是
❸ 倒
❹ 划不来
❺ 嘛
❻ 省得

4. 请你说说:

❶ 你常上街买东西吗?
❷ 论个卖好还是论斤卖好?
❸ 你去过东大门市场吗? 请向老师介绍一下东大门市场。
❹ 你买东西的时候最重要的是什么? 质量还是价格? 为什么?

第 2 课

在啤酒屋

情景 1

素英	我来介绍一下。这位是我们系的朴哲英师兄[1]。这位是韩国语教育系的留学生，张爱华。
哲英	你好，很高兴认识你。
爱华	您好，我也很高兴。
素英	有缘千里来相会[2]，我们来干一杯。
哲英	您是哪年生的？
爱华	我属狗，二十四周岁。
哲英	我也是二十四岁，咱俩同岁，我看还是直接称呼名字吧[3]，怎么样？
爱华	好，那我就捡便宜了。
素英	服务员，再来2000CC[3]。
哲英	爱华，你的酒量是多少？
爱华	这个酒量是喝好为止还是喝醉为止？
哲英	我说的是喝醉为止的酒量。
爱华	不太清楚，我没有喝醉过。
哲英	像你这样的人才可怕呢，酒量深不可测。
素英	师兄，爱华，来，咱们大家干一杯。
哲英	我看还是随意的好。
爱华	我同意，咱们慢慢儿喝，以酒会友，不要以醉为乐。
素英	人逢知己千杯少[4]，今天是一醉方休。
哲英	真拿你没办法[5]。好，不醉不归。

生 词

师兄	shīxiōng	남자 선배
属	shǔ	~띠이다
周	zhōu	만
称呼	chēnghu	부르다
捡便宜	jiǎn piányi	이득을 보다
酒量	jiǔliàng	주량
为止	wéizhǐ	멈추다, 끝으로 하다
可怕	kěpà	두렵다, 무섭다
深不可测	shēnbùkěcè	깊이를 가늠할 수 없다
随意	suíyì	뜻대로, 마음대로
以酒会友	yǐjiǔhuìyǒu	술로써 벗을 사귀다
以醉为乐	yǐzuìwéilè	취하는 것을 즐거움으로 여기다
一醉方休	yízuìfāngxiū	취하고서야 멈춘다, 취할 때까지 마시다
不醉不归	búzuìbùguī	취하지 않으면 돌아가지 않는다, 취할 때까지 마시다

情景 2

素英	咱们今天要痛痛快快地喝一顿。
浩杰	(很惊讶地)又要喝酒, 今天还是别喝了吧, 昨天喝的酒还没醒呢。
爱华	你别扫兴了, 今天你也得练练酒。
民秀	浩杰, 别这么罗唆, 我让你喝, 你就喝。
浩杰	好吧, 我今天就舍命陪君子[6]吧!
民秀	没那么严重吧, 咱们只是喝酒, 又不是拼命。
素英	喝什么好呢?
民秀	还是喝烧酒吧, 喝啤酒不过瘾, 又涨肚。
浩杰	喝别的吧, 烧酒后劲太大, 早上起来会头昏脑胀的。
民秀	你这小子事儿真多, 行, 就喝扎啤吧。
爱华	点点儿下酒菜吧。
素英	炸薯条和熏猪手, 点这两道菜够吗?
民秀	就来一盘儿炸薯条吧, 我喝酒从来不吃菜。
浩杰	这么喝酒, 身体能受得了吗?
民秀	已经习惯了, 唉! 酒来了, 先干一杯再说吧。

痛快	tòngkuai	즐겁다, 유쾌하다
顿	dùn	차례, 번
惊讶	jīngyà	놀라다
扫兴	sǎoxìng	김새다, 기운빠지다
练	liàn	연습하다, 단련하다
啰唆	luōsuo	말이 많다, 시끄럽다
舍命	shěmìng	목숨을 버리다
拼命	pīnmìng	목숨을 걸다, 목숨을 내던지다
过瘾	guòyǐn	만족감을 느끼다, 만족하다
涨肚	zhǎngdù	배가 나오다
后劲	hòujìn	뒤끝
头昏脑胀	tóuhūnnǎozhàng	머리가 어질어질하고 아프다
扎啤	zhāpí	생맥주
下酒菜	xiàjiǔcài	술안주
炸薯条	zháshǔtiáo	감자 튀김
熏猪手	xūnzhūshǒu	훈제 족발

词语搭配与扩展

1 教育

1) 名词

- ～＋형용사　～先进 / ～落后 / ～发达
- 동사＋～　发展～ / 普及～ / 改革～ / 搞～
- 명사＋～　高等～ / 政治～ / 传统～ / 封建～
- 형용사＋～　良好的～ / 一般～ / 基础～ / 先进的～
- ～＋명사　～部门 / ～制度 / ～工作 / ～计划

2) 动词

- ～＋명사　～群众 / ～人民 / ～孩子 / ～学生
- ～＋형용사　～得(很)好 / ～得严格 / ～得耐心
- 동사＋～　进行～ / 加强～ / 抓紧～ / 放松～ / 接受～
- 형용사＋～　严格地～ / 积极地～ / 好好儿地～ / 耐心地～

2 介绍

- ～＋명사　～对象 / ～(一家)饭店 / ～情况 / ～(外国)文学 /
- ～＋형용사　～得清楚 / ～得具体 / ～得仔细
- ～＋수량사　～一遍 / ～过一次 / ～一下 / ～一番
- 동사＋～　开始～ / 进行～ / ～准备 / 用不着～ / 加以～

3 拼命

1) 动词

- 명사＋～　革命者～ / 军队～ / 战士～ /
- 동사＋～　打算～ / 勇于～ / 决心～ / 舍得～

- ～＋명사　～的精神 / ～的代价 / ～的样子
- ～＋동사　～地奔跑 / ～地搏斗 / ～地冲杀

2) 形容词

- 동사＋～　够得上～ / 算得上～
- ～＋동사　～做 / ～打 / ～跑 / ～学习 / ～工作 / ～竞争 / ～喝酒

注 释

1 这位是我们系的朴哲英师兄

'师兄'은 우리말의 '(남자)선배'에 해당하는 말이다. 대만에서는 '学长'이라고도 한다. 여자 선배는 '师姐', '学姐', 남자 후배는 '师弟', '学弟', 여자 후배는 '师妹', '学妹'라고 한다. 한자어 그대로 '先辈' 혹은 '后背'라고 하지 않도록 주의하자.

2 有缘千里来相会

중국 고대 소설 ≪水浒传≫에 나오는 말로, 전체 문장은 '有缘千里来相会, 无缘对面不相逢(인연이 있으면 천리를 떨어져 있어도 만나게 되고, 인연이 없으면 맞은편에 있어도 만나지 못한다)'으로써, 사람과 사람의 만남은 인연의 유무에 달려 있음을 나타내는 문장이다.

3 再来2000CC

'CC'는 용량의 단위로써 중국어의 '毫升'에 해당되지만 이것을 말할 때는 영어 발음 그대로 읽어주면 된다. 그래서 '2000CC'는 '两千CC(씨씨)'처럼 말하면 된다.

4 人逢知己千杯少

'자신을 알아주는 사람을 만나면 천 잔의 술도 부족하다'라는 뜻으로, 마음이 맞는 친구를 만나 술 마실 때 자주 쓰이는 말이다. 이 말은 '酒逢知己千杯少, 话不投机半句多(술은 자신을 알아주는 사람을 만나면 천 잔도 부족하고, 말은 마음이 맞지 않으면 반마디도 많다)'라는 속담의 변형이라 할 수 있다.

5 真拿你没办法

'拿你没办法'는 '(너를) 어쩔 방법이 없다', '(너를) 못 말리겠다'라는 뜻으로, 상대방의 언행에 대해 어쩔 도리가 없을 때 쓰이는 표현이다. '拿你没辙'라는 표현도 자주 쓰인다.

1) "咳,拿你没办法。" 张蓬摇着头走了。
2) 难道你以为这样我就拿你没办法了吗?
3) 你不说我也拿你没办法。

6 舍命陪君子

'舍命陪君子'의 유래에 관해 아래와 같은 이야기가 전해진다.

> 李西涯(李东阳号)先生在翰林院供职时, 有一天, 被邀去陪一位知府饮酒。因饮酒过多, 以致酩酊大醉。酒醒后, 西涯醉眼蒙眬地对知府说:"晚生今日舍命陪君子了。" 知府笑慰道:"学生(旧时对人的一种谦词, 不一定具有师生关系)也不是什么君子, 老先生您可不要轻生哟。" (明 · 浮白斋主人《雅谑》)

练 习

1. 用正确的语调读出下面的句子:

❶ 有缘千里来相会, 我们来干一杯。

❷ 那我就捡便宜了。

❸ 真拿你没办法。 好, 不醉不归。

❹ 咱们今天要痛痛快快地喝一顿。

❺ 浩杰, 别这么罗唆, 我让你喝, 你就喝。

❻ 你这小子事儿真多, 行, 就喝扎啤吧。

❼ 唉! 酒来了, 先干一杯再说吧。

2. 替换划线部分的词语:

❶ 我属狗, 二十四周岁。
　　猪　虚岁二十四岁
　　老虎　二十一虚岁

❷ 咱们今天要痛痛快快地喝一顿。
　　吃个大饱
　　睡个大觉

❸ 别这么罗唆, 我让你喝, 你就喝。
　　说　说
　　走　走

3. 用下面的词语造句子:

❶ 拼命

❷ 捡便宜
❸ 不醉不归
❹ 痛快
❺ 教育
❻ 介绍

4. 请你说说:

❶ 你喜欢喝哪种酒? 为什么?
❷ 喝酒有什么好处和坏处?
❸ 中国的啤酒和韩国的啤酒有什么不同?
❹ 中国的白酒和韩国的烧酒有什么不同?

第 3 课

在银行

情景 1

爱 华	小姐, 我想把这二百美元换成韩币。
银行职员	门口那边桌子上有单子和笔, 请您填张单子再过来。
爱 华	这么多的单子, 填哪一种啊?
银行警卫	小姐, 需要帮助吗?
爱 华	我想把美元换成韩币, 不知要填哪一种单子。
银行警卫	是这种, 如果不会填, 可以照着玻璃下面的样本填。
爱 华	谢谢。

(兑换窗口)

爱 华	小姐, 从你们的牌价看, 美元价格好像比上个星期又涨了。
银行职员	是的, 但涨跌幅度不大。支票可以吗?
爱 华	我不要支票, 请全部给我现金。
银行职员	这是您的钱, 请仔细点点。
爱 华	再麻烦您, 把这五万元换成十张五千的, 不好意思。
银行职员	没关系, 请稍等。

生词

单子	dānzi	신청서, 명세서
填	tián	기입하다
警卫	jǐngwèi	경비원
照着	zhàozhe	~에 따라
玻璃	bōli	유리
样本	yàngběn	견본
兑换	duìhuàn	환전하다, 환전
牌价	páijià	시세, 표시가격
涨	zhǎng	오르다
跌	diē	내리다
幅度	fúdù	폭
支票	zhīpiào	수표
点	diǎn	세다

情景 2

浩 杰 我想汇款，请问，在哪儿办理？

银行警卫 请您先取号，然后到对面桌子上填写您所要办理的业务单据。

浩 杰 好的，谢谢。(过了一会儿)

银行警卫 先生，轮到您了。请您到二号窗口办理。

(银行窗口前)

银行职员 您好，请问您要办理什么业务？

浩 杰 您好，我要往这个帐户汇款，请问，需要多长时间才能收到？

银行职员 十分钟以后就能收到[1]。

浩 杰 我要汇一百万到这个帐户。

银行职员 一百万整，请您稍等。

浩 杰 手续费是多少？

银行职员 您这是跨行汇款，比本行内汇款要贵一些[2]。手续费是一千四。

浩 杰 在这儿，给您。

银行职员 请您收好单据，以便日后查询[3]。

浩 杰 麻烦你，顺手再交一下电话费。

银行职员 每个月这样交费不麻烦吗？怎么不办理银行自动交款呢？

浩 杰 手续不麻烦吗？

银行职员 只要有存折号码就行，用不了一分钟。

浩 杰 那拜托您帮我办一下。

生 词

汇款	huìkuǎn	송금하다
办理	bànlǐ	처리하다
单据	dānjù	서류, 영수증
窗口	chuāng kǒu	창구
帐户	zhànghù	계좌
整	zhěng	정(돈의 액수 뒤에 붙이는 말)
以便	yǐbiàn	~(하기 편리)하도록
日后	rìhòu	이후에, 나중에
查询	cháxún	문의하다, 조회하다
顺手	shùnshǒu	하는 김에
存折	cúnzhé	통장

词语搭配与扩展

1 仔细

- 명사 + ～　(这个)人(特别)～ / 方法(要)～
- ～ + 형용사　～得多 / ～得突出 / ～得厉害
- ～ + 수량사　～一点儿 / ～一些 / ～一倍
- 동사 + ～　需要～ / 保持～ / 注意～
- 형용사 + ～　特别～ / 同样～ / 绝对～
- ～ + 명사　～的医生 / ～的工作 / ～的手法 / ～的性格
- ～ + 동사　～地看 / ～地分析 / ～地修改 / ～地观察

2 帮助

- 명사 + ～　共产党～ / 领导～ / 政府～
- ～ + 명사　～人民 / ～学生 / ～学校 / ～国家
- ～ + 동사　～工作 / ～购买 / ～招待
- ～ + 수량　～一次 / ～两回 / ～一下儿 / ～了半天
- 동사 + ～　提供～ / 接受～ / 需要～ / 打算～
- 형용사 + ～　热心地～ / 积极地～ / 努力地～ / 互相～

3 办理

- 명사 + ～　事情～(完)了 / 部长(正在)～(公务) / 个人～
- ～ + 명사　～(托运)手续 / ～(入学)登记 / ～(出国)护照
- ～ + 형용사　～好了 / ～得(很)顺利 / ～得仔细
- ～ + 수량사　～一次 / ～两回 / ～了一个月
- 동사 + ～　准备～ / 进行～ / 想～ / 负责～
- 형용사 + ～　很快地～ / 及时地～ / 慢慢地～ / 正式～

注 释

1 十分钟以后就能收到

시간을 나타내는 말 뒤에 '就'가 쓰이면 일의 발생이 생각보다 이르거나 빠른 것, 혹은 일의 진행이 순조로움을 나타낸다. 그와 반대로 일의 발생이 생각보다 늦거나, 혹은 일의 진행이 순조롭지 않은 경우에는 '才'를 쓰면 된다.

1) 我平时八点起床, 今天七点就起床了。
2) 我妹妹二十岁就结婚了。
3) 大哥的孩子三岁就会说话了, 二姐的孩子五岁才会说话。

2 比本行内汇款要贵一些

'要'가 비교문에 쓰이면 추측, 판단의 뉘앙스를 나타낸다. 이때 '要'는 '比'의 앞이나 뒤에 모두 올 수 있다.

1) 你的字比我写的要强多了。
2) 看来今天要比昨天凉快。
3) 这两张照片比前一张要清楚些。

3 请您收好单据, 以便日后查询

'以便'은 '~(하기 편리)하도록'의 뜻으로, 두 문장으로 이루어진 복문에서 뒷 문장의 첫머리에 쓰여 이루려고 하는 바가 쉽게 실현되어지게 함을 나타낸다. 앞 뒤 문장의 주어가 같을 경우에는 뒤 문장에서는 주어를 적지 않는다.

1) 你先把材料准备好, 以便小组开会研究。
2) 让他住在我家好了, 以便照顾他。
3) 我们要努力掌握科学技术知识, 以便更好地为实现四个现代化服务。

练 习

1. 用正确的语调读出下面的句子:

❶ 这么多的单子，填哪一种啊？
❷ 从你们的牌价看，美元价格好像比上个星期又涨了。
❸ 再麻烦您，把这五万元换成十张五千的，不好意思。
❹ 小姐每个月这样交费不麻烦吗？怎么不办理银行自动交款呢？
❺ 只要有存折号码就行，用不了一分钟。

2. 替换划线部分的词语:

❶ 我想把这二百美元换成韩币。
韩币　　美元
美元　　人民币

❷ 您先取号，然后到对面桌子上填写您所要办理的业务单据。
坐公交车　到东大门市场换地铁
坐作业　　再看电视，行吗?

❸ 需要多长时间才能收到？
几个小时
几个星期

❹ 比本行内汇款要贵一些。
两块
一百五

3. 用下面的词语造句子:

❶ 仔细
❷ 以便

❸ 照着
❹ 顺手
❺ 就
❻ 办理

4. 请你说说:

❶ 在中国去哪儿换钱? 除了去银行以外, 没有别的地方吗?
❷ 去韩国的银行换钱的时候, 需要什么手续?
❸ 你经常去银行吗? 为什么?

第 4 课

在出租车、地铁

情景 1

爱华　素英，我想去东大门，怎么去好？

素英　几个人？

爱华　四个人。

素英　如果人少的话坐公交车就行，没几站地。四个人，我看还是打车比较好，价钱差不多，还方便。

爱华　谢谢。

(出租车内)

爱华　师傅，到东大门。

司机　请坐好，(对旁边的人)请您把安全带系上。

(车启动以后)

浩杰　师傅，起价费不是一千九吗？

司机　这是夜间起价费，十二点以后按这个价格计价。

爱华　你们看，前面压车压得挺厉害的。

司机　刚才路况广播说这儿不堵车，可能是出车祸了。

浩杰　一动也不动[1]，真急人，(小声对旁边的民秀说)车不动还跳字，这儿的出租车原来是按时间打表啊。

爱华　这车以后还是不打的好，钱没几个，却让人干着急。

司机　你们着急，我更着急，活儿越来越不好干。

生词

公交车	gōngjiāochē	버스
地	dì	노정, 길
打车	dǎchē	택시 타다
安全带	ānquándài	안전벨트
系	jì	매다
启动	qǐdòng	시동걸다, 작동하다
起价费	qǐjiàfèi	기본요금
压车	yāchē	차가 막히다
路况	lùkuàng	도로 상황, 교통 상황
广播	guǎngbō	방송
车祸	chēhuò	교통사고
急	jí	조급하게 하다
跳字	tiàozì	숫자가 올라가다
打表	dǎbiǎo	미터기를 작동하다
却	què	~이긴 하지만
干	gān	공연히
活儿	huór	일

情景 2

浩杰　地铁人这么少，能盈利吗？
素英　现在不是上下班高峰期，所以人少。如果你赶在高峰期坐地铁的话，人多得像蒸豆包一样，一动也动不了。
浩杰　是这样，你经常坐地铁吗？
素英　是的，从家到学校虽然有直达的公交车，但我还是愿意坐地铁。
浩杰　为什么？
素英　如果碰上堵车，就很难把握上学的时间。跟这相比地铁比较保险，地铁不用担心堵车，所以宁可倒车，我还是坐地铁上学[2]。
浩杰　听你这么一说，如果有约的话还是地铁保险了。
素英　对，这是我的经验。
浩杰　哎，你怎么那么走？
素英　怎么了？啊，你是说我怎么在左边走。在中国是人车都右行。在韩国车右行，人却左行[3]，特别是人多时，你在右边走的话，你会寸步难行。

(一同上扶梯，并肩站在一个台阶上)

浩杰　今天跟你学了不少见识……
素英　哎，浩杰，到我前面来站着，不往上走的时候，要站在右边，左边是赶时间的人走的地方。
浩杰　不会吧，那点儿时间都挤，太累了吧。
素英　这就是快节奏的生活。我们也应该学会快节奏生活中的礼节。

生 词

盈利	yínglì	이익을 보다, 이익
豆包	dòubāo	찐빵
直达	zhídá	곧바로 가다
把握	bǎwò	확신하다, 장악하다
保险	bǎoxiǎn	안전하다
宁可	nìngkě	차라리 ～하더라도
倒车	dǎochē	차를 갈아타다
经验	jīngyàn	경험
哎	āi	(상대방을 부르거나 주의를 환기 시킬 때 쓰는 감탄사)
寸步难行	cùnbùnánxíng	걸음도 나가기 어렵다
一同	yìtóng	같이
扶梯	fútī	에스컬레이터
并肩	bìngjiān	어깨를 나란히 하다
见识	jiànshi	견문, 식견
挤	jǐ	(시간을)짜다, 밀치다
节奏	jiézòu	리듬
礼节	lǐjié	예절

词语搭配与扩展

1 把握

1) 动词

- ～＋명사　～要点 / ～方向 / ～时机 / ～(住当前的)形势
- ～＋형용사　～得好 / ～得准 / ～得(不)准确 / ～好了
- 형용사＋～　准确地～ / 牢牢地～ / 很难～ / 完全～

2) 名词

- 동사＋～　有～ / 没有～ / 失去～ / 缺少～
- 형용사＋～　很大的～ / 充分的～ / 完全的～
- 수량사＋～　一点点～ / 一些～ / 九成～

2 担心

- ～＋명사　～自己 / ～老人 / ～(家里的)情形 / ～(我的)工作
- ～＋동사　～出事 / ～病倒 / ～下雨
- ～＋형용사　～(太)少 / ～(太)差 / ～(太)危险
- 동사＋～　感到～ / 用不着～ / 开始～
- 형용사＋～　真正～ / 多余地～ / 过分～

3 经验

- ～＋동사　～增加了 / ～说明 / ～证明
- ～＋형용사　～丰富 / ～充分 / ～重要 / ～可靠
- 동사＋～　有～ / 获得～ / 交流～ / 重视～
- 명사＋～　历史～ / 过去的～ / 工人的～ / 人生的～

- 형용사 + ~　　间接~ / 基本~ / 好~ / 可贵的~
- ~ + 명사　　~的来源 / ~的价值 / ~的作用

4 生活

1) 名词

- 동사 + ~　　照顾(老人的)~ / 改善~/ 观察~ / 关心~
- 명사 + ~　　单身的~ / 学生的~ / 感情~ / 性~
- 형용사 + ~　　幸福的~ / 甜蜜的~ / 痛苦的~ / 新~
- ~ + 명사　　~的条件 / ~的习惯 / ~的规律 / ~的意义

2) 动词

- ~ + 형용사　　~得好 / ~得幸福/ ~得艰难 / ~得美满
- ~ + 수량사　　~了一辈子 / ~了三年 / ~了(一段)时间
- 형용사 + ~　　幸福地~ / 痛苦地~ / 正常地~/ 忙碌地~

注 释

1 一动也不动，真急人

'一+동사+也不+동사'는 '조금도 ~하지 않다'의 의미를 나타내는 표현으로써, '动', '看' 등의 동사가 주로 쓰인다.

1) 人们以为这些平凡的都是生活的渣滓，一看也不看。
2) 她一动也不动，我不知道她睡着了没有。

2 宁可倒车，我还是坐地铁上学

'宁可'는 '차라리~하더라도', '~할 지언정'의 뜻으로, 동사나 형용사 혹은 주어 앞에 쓰여, 이해득실을 비교를 한 후에 어느 하나를 선택함을 나타낸다. 대개 앞에 '与其'가 오거나, 뒤에 '也不', '也要', '还是' 등이 온다.

1) 宁可我多干点儿，也不能累着你。
2) 与其坐飞机，宁可坐船。
3) 宁可少点儿睡觉，也要把这篇文章写完。

3 在韩国车右行，人却左行

'却'는 '오히려', '반대로'의 뜻으로, 경미한 어기의 전환을 나타낸다.

1) 这个道理大家都明白，他却不知道。
2) 他虽然身字子不大好，却爱喝酒。
3) 话虽不多，却很有分量。

练 习

1. 用正确的语调读出下面的句子：

❶ 我想去东大门，怎么去好？
❷ 我看还是打车比较好，价钱差不多，还方便。
❸ 师傅，起价费不是一千九吗？
❹ 一动也不动，真急人。
❺ 这车以后还是不打的好，钱没几个，却让人干着急。
❻ 哎，你怎么那么走？
❼ 不会吧，那点儿时间都挤，太累了吧。

2. 替换划线部分的词语：

❶ 起价费不是一千九吗？
这样做　　挺好的
你　　　　说今天不下雨

❷ 请您把安全带系上。
门　　关
书　　合

❸ 跟这相比地铁比较保险。
别人　　我非常幸福。
去年　　有什么进步?

3. 用下面的词语造句子：

❶ 把握

❷ 宁可
❸ 却
❹ 车祸
❺ 急
❻ 打车

4. 请你说说:

❶ 韩国的出租车和中国的出租车有什么不同?
❷ 韩国的地铁和中国的有什么不同?
❸ 如果你去明洞，那你坐地铁还是公共汽车?
❹ 韩国在交通方面存在哪些问题?

第5课

在医院

情景 1

(挂号处)

素 英　我要挂号。

挂号处　挂什么科？

素 英　我的朋友脚脖子扭了，肿得像馒头似的，应该挂内科还是外科？

挂号处　挂骨外科，请填写病历卡，有医疗保险吗？

素 英　这是医疗保险证。

挂号处　要普通门诊还是专家门诊？

素 英　普通门诊。

挂号处　挂号费是三千块，您是四十八号，请到骨外科六号门口等着，护士会叫您。

(爱华和浩杰坐在长凳上)

爱 华　医院里人怎么这么多？

浩 杰　今天不是周一吗？隔了个双休日，病人都赶到一块儿来打针开药，所以人多嘛。

爱 华　哎呦呦，疼死我了。

浩 杰　我看还是我背你吧，别硬逞能，看你疼得满头是汗。

爱 华　男女授受不亲嘛[1]，嘻嘻！崴了脚脖子让人背太小题大作了吧。

浩 杰　都什么年代了，还这么封建。我看你还是不疼。

素 英　(跑过来)走，到二楼骨外科。

生词

挂号	guàhào	접수하다
脚脖子	jiǎobózi	발목
扭	niǔ	삐다, 접질리다
肿	zhǒng	붓다
内科	nèikē	내과
外科	wàikē	외과
骨外科	gǔwàikē	정형외과
病历卡	bìnglìkǎ	진료 차트
医疗保险	yīliáobǎoxiǎn	의료 보험
门诊	ménzhěn	(외래환자) 진료
长凳	chángdèng	긴 나무 걸상
隔	gé	(시간 혹은 공간상) 간격을 지니다
背	bēi	업다
硬	yìng	억지로, 무리하게
逞能	chěngnéng	과시하다, 능력을 드러내다
崴	wǎi	삐다
小题大作	xiǎotídàzuò	사소한 일을 떠들썩하게 만들다
封建	fēngjiàn	봉건, 봉건적이다

情景 2

浩杰　昨天还好好的，今天怎么就病倒了呢？

民秀　昨晚回家的路上，就觉得浑身发冷，头重脚轻，勉强吃了一点儿饭后就躺下睡了。半夜起来好几趟，吐个没完[2]，还发烧，今天早上怎么也起不来，从头到脚没有一个地方不疼的。

浩杰　快去医院吧，我陪你去，有病不能耽搁。

(医院)

医生　你哪儿不舒服？

民秀　发烧，头疼，总想吐，没力气。

医生　量量体温。(看体温表)三十九度，烧得很高。让我听听，把衣服撩起来。

民秀　怎么样？有什么问题吗？

医生　听不出有什么问题，为了保险起见[3]，最好作一次X光检查。(过一会儿拿着结果)是胃肠感冒，我给你开点儿药，再打一针。

民秀　有什么需要注意的吗？

医生　按时吃药，暂时不要吃油腻的东西，多喝些水，好好休息。

民秀　什么时候能好？

医生　一周左右吧。

民秀　这么长时间？

浩杰　俗话说"病来如山倒，病去如抽丝"，以后一定要注意，有什么可别有病[4]。

生 词

病倒	bìngdǎo	병으로 쓰러지다
浑身	húnshēn	온몸
发冷	fālěng	오한이 나다
头重脚轻	touzhongjiaoqing	몸이 불편하다
勉强	miǎnqiǎng	간신히, 겨우
吐	tù	토하다
耽搁	dāngē	지체하다, 끌다
量	liáng	(체온, 몸무게 등을) 재다
撩	liāo	걷어 올리다
起见	qǐjiàn	~ 견지에서, ~하기 위해
X光	X guāng	엑스레이
胃肠感冒	wèichánggǎnmào	장염성 감기
开药	kāiyào	처방전을 쓰다
打针	dǎzhēn	주사 맞다, 주사 놓다
暂时	zànshí	잠시

词语搭配与扩展

1 封建

1) 名词

- 동사 + ～　　反～ / 批判～ / 实行～ / 推翻～
- ～ + 명사　　～主义 / ～的意识 / ～阶级 / ～社会

2) 形容词

- 명사 + ～　　头脑～ / 思想～ / 行为～ / 爷爷～
- ～ + 형용사　　～得厉害 / ～得可怕
- 동사 + ～　　觉得～ / 感到～ / 讨厌～
- 형용사 + ～　　真～ / 实在～ / 特别～

2 保险

1) 形容词

- 명사 + ～　　(这种)做法～ / 此人(不)～
- 형용사 + ～　　绝对～ / 完全～ / 实在～ / 特别～
- ～ + 명사　　～的打法 / ～的看法 / ～的人 / ～的企业

2) 名词

- ～ + 동사　　～扩大(范围了) / ～吸引(不少人)
- ～ + 형용사　　～(很)重要 / ～(很)有用 / ～(十分)稳妥
- 동사 + ～　　办～ / 提倡～ / 欢迎～ / 加入～ / 取消～
- 명사 + ～　　财产的～ / 交通～ / 生命～ / 以前的～
- 형용사 + ～　　简单的～ / 主要的～ / 个别的～ / 可靠的～

- 수량사 + ~　　一种~ / 一次~ / 两个月的~ / 三年的~

3 注意

- 명사 + ~　　你(要)~ / (这个)人(要)注意 / (这件)事情(务必)~
- ~ + 명사　　~(这个)姑娘 / ~大城市 / ~材料 / ~动作 / ~质量
- ~ + 동사　　~休息 / ~改进 / ~提高
- ~ + 형용사　　~得好 / ~得(十分)密切 / ~得(不)及时
- ~ + 수량사　　~一点儿 / ~一下 / ~几个月 / ~了十年
- 동사 + ~　　需要~ / 给予~ / 打乱~ / 开始~ / 停止~
- 형용사 + ~　　多~ / 密切地~ / 完全~ / 共同~

注 释

1 男女授受不亲嘛

'男女授受不亲'은 《孟子》에 나오는 말로, '남녀가 주고받는 것을 직접 하지 않는다'라는 뜻으로 남여사이를 엄격하게 구분해야 한다는 것을 나타낸다.

2 半夜起来好几趟, 吐个没完

'个'는 동사와 보어 사이에 쓰여 보어를 이끄는 '得'와 비슷한 역할을 하기도 한다.

1) 心想问个明白, 可是又不知道从何问起。
2) 她笑个不停。
3) 我想把它看个仔细, 看个透彻。

3 为了保险起见, 最好作一次X光检查

'起见'은 '~ 견지에서', '~하기 위해'의 뜻으로, 전치사 '为'와 같이 쓰여 한 격식을 이루는데, 어떤 원인이나 바람으로부터 나왔음을 의미한다.

1) 为安全起见, 不要和司机交谈。
2) 为慎重起见, 把稿字又仔细看了一遍。

4 有什么可别有病

'뭐든 있어도 괜찮지만 병은 있어서는 안 된다'라는 의미를 나타내는 표현이다.

练 习

1. 用正确的语调读出下面的句子：

❶ 医院里人怎么这么多？
❷ 今天不是周一吗？
❸ 哎哟哟，疼死我了。
❹ 都什么年代了，还这么封建。我看你还是不疼。
❺ 昨天还好好的，今天怎么就病倒了呢？
❻ 俗话说"病来如山倒，病去如抽丝"，以后一定要注意，有什么可别有病。

2. 替换划线部分的词语：

❶ 都什么年代了，还这么封建。

十点　　　　不起床
快上课　　　不走

❷ 从头到脚没有一个地方不疼的。

不好看
不酸痛

❸ 有什么需要注意的吗？

帮忙
改进

3. 用下面的词语造句子：

❶ 起见
❷ 保险
❸ 硬

❹ 勉强
❺ 暂时
❻ 注意

4. 请你说说:

❶ 向老师介绍一下韩国医疗制度的情况。
❷ 最近你看过病吗? 说说你看病的经历。
❸ 如果你身体不舒服, 想向老师请假, 那该怎样说呢?
❹ 中国的医院和韩国的医院有什么不同?

第 6 课

找房

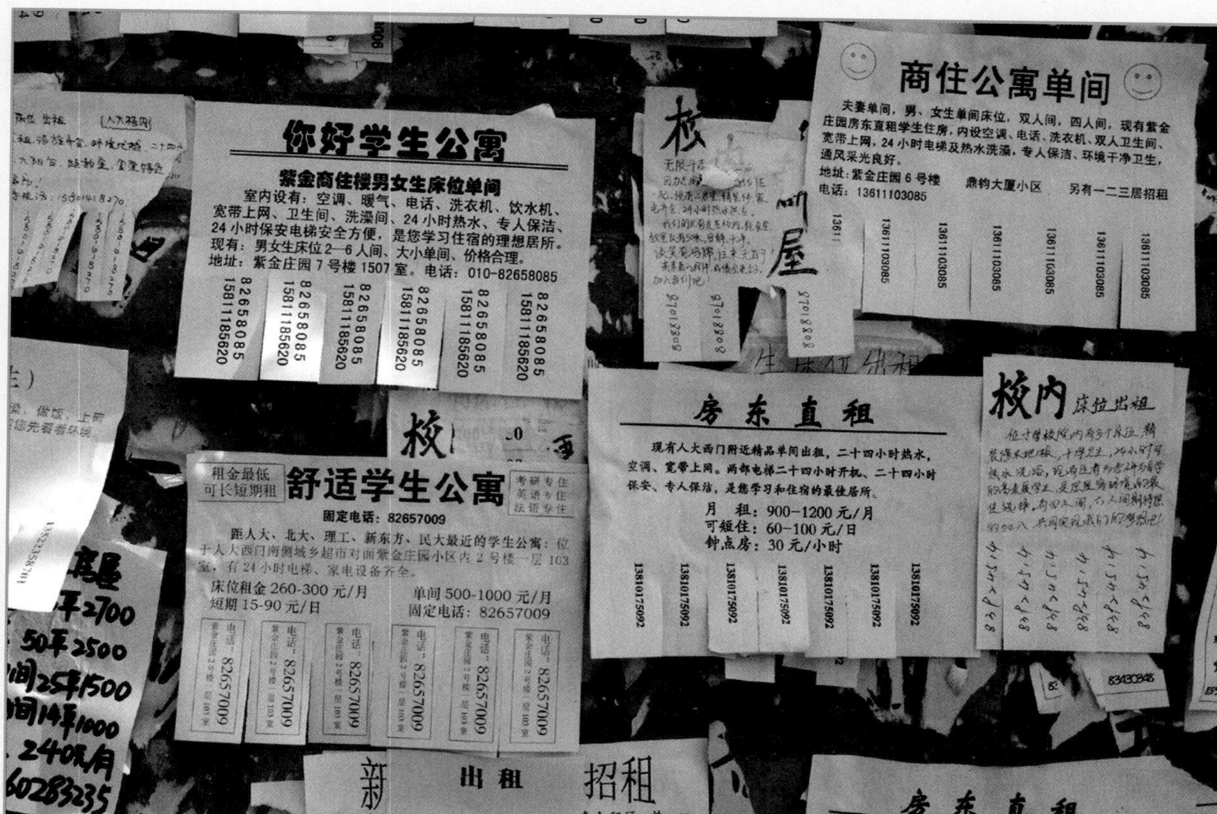
你好学生公寓
紫金商住楼男女生床位单间
室内设有：空调、暖气、电话、洗衣机、饮水机、宽带上网、卫生间、洗澡间、24 小时热水、专人保洁、24 小时保安电梯安全方便，是您学习住宿的理想居所。
现有：男女生床位 2—6 人间、大小单间、价格合理。
地址：紫金庄园 7 号楼 1507 室。电话：010-82658085
商住公寓单间
夫妻单间，男、女生单间床位，双人间，四人间，现有紫金庄园房东直租学生住房，内设空调、电话、洗衣机、双人卫生间、宽带上网，24 小时电梯及热水洗澡，专人保洁、环境干净卫生，通风采光良好。
地址：紫金庄园 6 号楼　鼎钧大厦小区　另有一二三居招租
电话：13611103085
房东直租
现有人大西门附近精品单间出租，二十四小时热水，空调、宽带上网。两部电梯二十四小时开机、二十四小时保安、专人保洁，是您学习和住宿的最佳居所。
月　租：900-1200 元/月
可短住：60-100 元/日
钟点房：30 元/小时
13810175092
租金最低
可长短期租
舒适学生公寓
考研专住
英语专住
法语专住
固定电话：82657009
距人大、北大、理工、新东方、民大最近的学生公寓：位于人大西门南侧城乡超市对面紫金庄园小区内 2 号楼一层 103 室，有 24 小时电梯、家电设备齐全。
床位租金 260-300 元/月
短期 15-90 元/日
单间 500-1000 元/月
固定电话：82657009
校内
出租
招租
房东直租

情景 1

房屋中介　请进，要租房吗？

爱华　老大爷，我想租一套一室一厅的房子。

房屋中介　一室一厅，我帮你看看，是月租还是年租？

爱华　月租，二十五万左右的。

房屋中介　这有两套，一套是地下室，二十二万，柴油锅炉供暖，室外卫生间公用，另一套是阁楼，管道煤气供暖，二十八万，卫生间在室内自己用。

爱华　地点在哪儿？

房屋中介　地下室的那套，在学校后门附近。另一套位于地铁站和学校中间。

爱华　老大爷，我可以看看二十二万的那套吗？

房屋中介　姑娘，是因为价钱吧，我还是推荐你看二十八万的房子。地下室光线暗，昼夜开灯，柴油供暖也比煤气费用高，这些费用加起来一个月也有四五万了。

爱华　但是我自己住楼顶，有点儿害怕。

房屋中介　放心好了，这附近的治安很好，而且还安了防盗门。

爱华　好吧，我听您的，去看看房子再定吧。您帮我跟房东讲讲价好吗？

房屋中介　月租可能讲不下来，押金我试试看。

生 词

中介	zhōngjiè	중개하다, 중개인
租房	zūfáng	방을 세내다, 방을 세놓다
老大爷	lǎodàye	(남자노인에 대한 존칭)
一室一厅	yíshìyìtīng	방 하나에 거실 하나
月租	yuèzū	월세
年租	niánzū	전세
柴油	cháiyóu	기름(중유를 가리킴)
锅炉	guōlú	보일러
供暖	gōngnuǎn	난방
阁楼	gélóu	옥탑
管道煤气	guǎndàoméiqì	도시가스
推荐	tuījiàn	추천하다
暗	àn	어둡다
昼夜	zhòuyè	주야
楼顶	lóudǐng	옥상, 지붕
治安	zhì'ān	치안
安	ān	설치하다
防盗门	fángdàomén	도둑방지문
房东	fángdōng	집주인
押金	yājīn	보증금

情景 2

房东　来，进来好好看看。

爱华　好象房间的光线不怎么好[1]。

房东　这房子是夕照日头，下午阳光特足。

爱华　供暖是集体供暖，还是自己烧一个锅炉？

房东　自己烧，想什么时候烧就什么时候烧[2]，方便。

爱华　电表也是单走吗？

房东　对，电费煤气费每个月自己到银行交，水费两个月收一次，交房租的时候给我就行。

爱华　这房间里的东西怎么办？

房东　啊，这书架、书桌、椅子、冰箱和洗衣机要是你没有就用着[3]，不需要的话我就搬走。

爱华　我看看，干净的话我就用，也省得我买了。用这些东西要押金吗？

房东　不用了，又不是新的，你放心用好了。这都是以前的房客留下的。

爱华　夏天返不返潮？

房东　平时一点儿问题也没有，梅雨季节时，偶尔开一次锅炉或电扇就不会返潮了。

爱华　我再看看卫生间的上下水好不好用。

房东　你看吧。看你年龄不大，心倒挺细的。这房子租给你这样的人，我也放心，不会糟蹋房子。

生 词

夕照	xīzhào	저녁 햇살
日头	rìtou	해, 태양
特	tè	아주, 특히
集体	jítǐ	단체, 집단
电表	diànbiǎo	전기미터기, 전력계
单	dān	따로, 단독으로
房租	fángzū	집세
房客	fángkè	세입자
返潮	fǎncháo	습기가 차다
梅雨季节	méiyǔjìjié	장마철
偶尔	ǒu’ěr	가끔
上下水	shàngxiàshuǐ	상하수도
细	xì	꼼꼼하다, 세밀하다
糟蹋	zāotà	망치다, 손상시키다

词语搭配与扩展

1 推荐

- ～＋명사　～人才 / ～电影 / ～(这个)办法 / ～(他的)意见
- ～＋형용사　～得早 / ～得及时 / ～得正确
- ～＋수량사　～两次 / ～一下 / ～了半天 / ～了三年
- 동사＋～　靠～ / 根据～ / 打算～ / 需要～
- 형용사＋～　主动地～ / 专门～ / 细心地～ / 一致～

2 需要

1) 动词

- 명사＋～　政府～ / 社会～/ 时代～/ 家庭～
- 동사＋～　销售～ / 改革～ / 创作～ /讲课～
- ～＋명사　～人才 / ～知识分子 / ～勇气 / ～毅力
- ～＋동사　～注意 / ～补充 / ～磨练 / ～鼓励
- ～＋형용사　～勇敢 / ～顽强 / ～仔细 / ～清醒

2) 名词

- 명사＋～　国家的～ / 社会的～/ 时代的～
- 동사＋～　生产的～ / 工作的～ / 管理的～
- 형용사＋～　迫切的～ / 特殊的～ / 很大的～
- 수량사＋～　一种～ / 这个～
- ～＋동사　～增多了 / ～减少了 / ～满足了
- ～＋형용사　～很迫切 / ～过分 / ～合理

3 卫生

1) 形容词

- 명사+～　北京(很)～ / 长安街(很)～ / (这个)商店(很)～
- 형용사+～　特别～ / 相当～ / 真～
- ～+명사　～的环境 / ～习惯 / ～的设备

2) 名词

- ～+동사　～(要)提倡 / ～(要)保持 / ～(要)重视
- ～+형용사　～(很)重要 / ～(很)关键
- ～+명사　～部 / ～院 / ～员 / ～工作 / ～常识

注 释

1 好象房间的光线不怎么好

'怎么'는 '그다지', '별로'의 뜻으로 부정문에 쓰여 일정한 정도를 나타낸다.

1) 这里的情况, 我不怎么了解。
2) 今天不怎么舒服。
3) 这首歌我刚学, 还不怎么会唱。

2 想什么时候烧就什么时候烧

한 문장에 동일한 동사와 의문사가 앞뒤로 출현한다면, 앞의 의문사는 임의의 것을 가리키고, 뒤의 의문사는 앞의 의문사가 가리키고 있는 무언가를 나타낸다. 중간에 종종 '就'가 쓰인다.

1) 你想买什么就买什么。
2) 你去哪儿我就去哪儿。
3) 你想怎么吃就怎么吃。

3 要是你没有就用着

'着'는 일부 동사와 형용사 뒤에 쓰여 명령이나 일깨움의 어기를 지니기도 한다.

1) 你听着!
2) 快着点儿。
3) 站着!

练 习

1. 用正确的语调读出下面的句子:

❶ 放心好了, 这附近的治安很好, 而且还安了防盗门。
❷ 好吧, 我听您的, 去看看房子再定吧。
❸ 月租可能讲不下来, 押金我试试看。
❹ 来, 进来好好看看。
❺ 想什么时候烧就什么时候烧, 方便。
❻ 不用了, 又不是新的, 你放心用好了。
❼ 看你年龄不大, 心倒挺细的。

2. 替换划线部分的词语:

❶ 我想租一套一室一厅的房子。
两室一厅
三室两厅

❷ 一点儿问题也没有。
胃口
好处

❸ 看你年龄不大, 心倒挺细的。
挺聪明的　这么容易的字倒识不了
年纪轻轻的　倒也挺有胆识的

3. 用下面的词语造句子:

❶ 怎么
❷ 推荐

❸ 卫生
❹ 押金
❺ 偶尔
❻ 糟蹋

4. 请你说说:

❶ 在外大附近找房子容易吗? 房价一般多少?
❷ 租房需要注意什么问题呢?
❸ 在中国租房时也交押金, 中国的押金概念和韩国的一样吗?

第 7 课

在美容院

70066
艺人美场 美发 造型 美甲
YIRENMEICHANG WOMEN SALON
ODDS
艺人美场
NO.18
46-5
BED HEAD

情景 1

美发师　欢迎光临!

素 英　我做头。

美发师　是烫头还是剪头?

素 英　我想烫直板,然后焗油。

美发师　小姐,请您这边坐。您发梢分岔了,我给您修一下行吗?

素 英　行,您帮我用心点儿,满意的话我会常来的。

美发师　您放心,包您满意。

(进来一位男顾客)

美发师　您要剪什么样的发型?

男顾客　现在的发型挺好的,帮我剪短一点儿,打薄点儿。

美发师　请把领带松一松,刮脸吗?

男顾客　这次不刮了,给我做做头部按摩。昨天熬了一个通宵,后脖梗僵硬僵硬的。

美发师　请跟我到这边来。

美发师	měifàshī	미용사
做头	zuòtóu	머리하다
烫头	tàngtóu	파마하다
剪头	jiǎntóu	머리(가락을) 자르다
烫直板	tàngzhíbǎn	스트레이트 파마하다
焗油	júyóu	헤어 트리트먼트
发梢	fàshāo	머리카락 끝부분
分岔	fēnchà	갈라지다
用心	yòngxīn	심혈을 기울이다, 신경을 쓰다
发型	fàxíng	헤어스타일
打薄	dǎbáo	머리숱을 치다
领带	lǐngdài	넥타이
刮脸	guāliǎn	면도하다
按摩	ànmó	안마하다
熬通宵	áotōngxiāo	온밤을 지새다
脖梗	bógěng	목 뒷부분, 목덜미
僵硬	jiāngyìng	뻣뻣하다

情景 2

皮肤护理师　欢迎欢迎，好久没见您了。

爱华　嗯，最近事儿比较多。

皮肤护理师　您今天来的正好呢，我们这里前不久刚刚引进了法国的芳香疗法，效果好得不得了！您今儿要不要试试啊？

爱华　哦？是吗？可是如果我做那个芳香疗法的话，我原来做美容时你们美容院送的手护和颈护还送吗？

皮肤护理师　送，当然送，不但送手护、颈护，还送眼护呢！不过……

爱华　不过什么？

皮肤护理师　不过就是价钱比普通的皮肤护理贵一些。

爱华　哦？是怎么收费的？

皮肤护理师　这种护理一次是十五万元，不过您是我们这儿的老顾客了，可以给您打八折[1]。

爱华　哟！还真够贵的[2]，够我做五次普通护理的啦…… 我看还是算了，我还是学生，做那种普通的就可以了[3]。

皮肤护理师　呵，是啊是啊，我也是这么想的了，您这么年轻，肤质又这么好，做普通护理就很好了。

爱华　谢谢，那我们现在开始可以吗？

皮肤护理师　可以，请您躺这边，我先帮您卸妆。

生 词

皮肤护理师	pífūhùlǐshī	피부 관리사
前不久	qiánbùjiǔ	얼마 전에
引进	yǐnjìn	들여오다, 도입하다
芳香	fāngxiāng	방향, 꽃같은 향기
疗法	liáofǎ	요법
手护	shǒuhù	손 부위 관리
颈护	jǐnghù	목 부위 관리
眼护	yǎnhù	눈 부위 관리
老顾客	lǎogùkè	단골
年轻	niánqīng	젊다
卸妆	xièzhuāng	화장을 지우다

词语搭配与扩展

1 开始

1) 动词

명사＋～	新时代～了 / 春天～了 / 电影～了
～＋동사]	～打 / ～害怕 / ～处理 / ～吃饭
～＋형용사	～得(很)早 / ～得(很)晚
동사＋～	要求～ / 打算～ / 反对～ / 宣布～
형용사＋～	准时～ / 快～ / 早早～
～＋명사	～的起点 / ～的时间 / ～的局面

2) 名词

～＋형용사	～(很)顺利 / ～(很)苦 / ～(很)困难
동사＋～	抓住～ / 描写～ / 重视～
명사＋～	学期的～ / 会议的～ / 电影的～
형용사＋～	(很)好的～ / 困难的～ / 光明的～
～＋명사	开始的～ / ～的水平 / ～的情况

2 满意

명사＋～	工作～ / 条件～ / 顾客～ / 孩子～
～＋명사	～(自己的)丈夫 / (很)～(这次的)成绩 / ～(自己的)工作
～＋수량사	～过一次
동사＋～	开始～ / 感到～ / 表示～
형용사＋～	完全～ / 真正～ / 普遍～
～＋동사	～地说 / ～地笑 / ～地走了

3 按摩

- ～＋동사　～开始了 / ～停止了 / ～中止了
- 명사＋～　医生(在)～ / 护士(为病人)～ / 病人～(过了)
- ～＋명사　～穴位 / ～腿部 / ～头部 / ～脖子
- ～＋형용사　～得好 / ～得快 / ～得舒服 / ～得认真
- ～＋수량사　～几下 / ～一次 / ～一遍 / ～了五分中
- 동사＋～　开始～ / 停止～ / 喜欢～ / 进行～ / 研究～
- 형용사＋～　快～ / 慢慢地～ / 用心～ / 好好～ / 熟练地～

4 普通

- 명사＋～　道理～ / 发行～ / 形式～
- 동사＋～　认为～ / 觉得～ / 显得～
- 형용사＋～　确实～ / 的确～ / 相当～
- ～＋명사　～的老百姓 / ～的现象 / ～的品种 / ～的外貌 / ～的技术

注 释

1 可以给您打八折

'打折'는 '할인하다', '에누리하다'라는 뜻인데, '打八折'라고 하면 원래 가격의 80%에 해당하는 가격을 받는다는 것을 의미한다.

1) 打完折的价格多少?
2) 给我打八五折行吗?
3) 执行政策不能打折。

2 还真够贵的

'还'는 의외나 감탄의 어기를 나타내기도 한다.

1) 想不到还真把事儿办成了。
2) 没想到你还真准时到了。
3) 你还干得真棒。

3 做那种普通的就可以了

'就'는 가정, 조건, 원인 등을 나타내는 문장의 뒷 문장에 쓰여, 앞 문장의 가정, 조건, 원인 하에 어떤 일이 발생함을 유도하는 역할을 한다.

1) 如果他去, 我就不去了。
2) 不同意就算了。
3) 努力学习就能学好汉语。

练 习

1. 用正确的语调读出下面的句子:

❶ 您放心,包您满意。

❷ 昨天熬了一个通宵,后脖梗僵硬僵硬的。

❸ 欢迎欢迎,好久没见您了。

❹ 送,送,不但送手护、颈护,还送眼护呢!

❺ 不过就是价钱比普通的皮肤护理贵一些。

❻ 我看还是算了,我还是学生,做那种普通的就可以了。

❼ 您这么年轻,肤质又这么好,做普通护理就很好了。

2. 替换划线部分的词语:

❶ 是烫头还是剪头?

喝啤酒　　白酒

坐地铁去　打的去

❷ 您帮我用心点儿。

买盒烟

做作业

❸ 我给您修一下行吗?

按摩

解释

❹ 效果好得不得了!

天气冷

我渴

❺ 您是老顾客了，可以给您打<u>八</u>折。

七五

九

3. 用下面的词语造句子:

❶ 打折

❷ 普通

❸ 做头

❹ 前不久

❺ 年轻

❻ 卸妆

4. 请你说说:

❶ 你一般多长时间理一次发？常去哪儿理发？

❷ 对一个人的印象来说，发型起什么样的作用？

❸ 跟中国大学生比起来，韩国大学生的发型有什么特点？

❹ 中国的美容院(或理发店)和韩国的有什么不同？

第 8 课

在饭店

情景 1

总台　欢迎光临。
浩杰　小姐, 两天前我打电话预订过一个房间。
总台　请把您的证件给我。
浩杰　这是我的护照。
总台　请您稍等, 我查一下。

(服务员查对登记薄)

总台　是标准间, 请您填写这张登记表。
浩杰　小姐, 请给我一个安静的房间好吗?
总台　好, 请问您住几天?
浩杰　三天。
总台　(过了一会儿)先生, 给您房卡。如果需要客房服务的话, 可以打电话通知楼层的服务员。
浩杰　谢谢您。(转身要走, 又回过头来) 对了, 小姐, 如果我们多住些时候, 价钱能优惠些吗[1]?
总台　我要请示一下经理后, 才能给您答复。先生, 如果您出门, 请把贵重物品寄存在总台, 不要放在房间里[2]。
浩杰　谢谢。

生词

总台	zǒngtái	프런트
预订	yùdìng	예약하다
证件	zhèngjiàn	신분증
稍	shāo	약간, 잠시
查对	cháduì	대조하다, 서로 맞추어 보다
房卡	fángkǎ	(카드식) 방 열쇠
客房服务	kèfángfúwù	룸서비스
楼层	lóucéng	(2층 이상의) 각층
回过头来	huíguòtóulái	고개를 돌리다
优惠	yōuhuì	우대하다, (가격을) 싸게 해주다
请示	qǐngshì	(상급자, 기관 등에) 물어 보다
答复	dáfù	회답(하다)
寄存	jìcún	맡겨두다, 보관시키다

情景 2

民秀	昨晚睡得好不好？
浩杰	不太好，我有些敏感，换地方就睡不踏实。我看你睡得很香[3]。
民秀	啊！(伸懒腰) 真的很解乏，我要洗个热水澡。
浩杰	我打个电话叫早餐[4]。(拿起电话)喂，您好，这里是1407，半个小时后，请把早餐送到我们房间。
餐厅	几份儿？主食有面包和米饭[5]，您要哪一种？
浩杰	两份儿，要面包。谢谢您。

(过了一会儿，浩杰又拿起电话)

浩杰	您好，请问，机票在哪儿订？
楼层服务员	早上好，在一楼商务中心就可以订机票。在那儿还可以订各种火车票、办理各种电信业务。
浩杰	啊，是这样，谢谢您，小姐，我有几件衣服要干洗[6]，怎么办？
楼层服务员	门口衣柜里有衣物袋，请您把要干洗的衣服放到袋子里，保洁员打扫房间时，会送到洗衣房的。
浩杰	费用呢？
楼层服务员	结算房费时会一起结算的。
浩杰	好，谢谢你。

敏感	mǐngǎn	예민하다, 민감하다
踏实	tāshi	(마음이) 놓이다, 편안하다
香	xiāng	달콤하다
伸懒腰	shēnlǎnyāo	기지개를 켜다
解乏	jiěfá	피로를 풀다
早餐	zǎocān	아침 식사
商务中心	shāngwùzhōngxīn	비즈니스 센터
办理	bànlǐ	처리하다, 취급하다
电信	diànxìn	전신
业务	yèwù	업무
干洗	gānxǐ	드라이 크리닝(하다)
衣物袋	yīwùdài	(빨랫감을 담는) 자루
保洁员	bǎojiéyuán	청소를 담당하는 종업원
洗衣房	xǐyīfáng	세탁실
结算	jiésuàn	계산하다

词语搭配与扩展

1 安静

- 명사＋～　　街上～ / 大家～ / 观众～
- 동사＋～　　显得～ / 害怕～ / 破坏～ / 保持～ / 得到～
- ～＋수량사　　～一下 / ～一会儿 / ～了一阵子
- ～＋명사　　～的街上 / ～的周围 / ～的内心 / ～的气氛

2 需要

1) 动词

- 명사＋～　　政府～ / 社会～ / 时代～ / 家庭～
- 동사＋～　　销售～ / 改革～ / 创作～ / 讲课～
- ～＋명사　　～人才 / ～知识分子 / ～勇气 / ～毅力
- ～＋동사　　～注意 / ～补充 / ～磨练 / ～鼓励
- ～＋형용사　　～勇敢 / ～顽强 / ～仔细 / ～清醒

2) 名词

- 명사＋～　　国家的～ / 社会的～/ 时代的～
- 동사＋～　　生产的～ / 工作的～ / 管理的～
- 형용사＋～　　迫切的～ / 特殊的～ / 很大的～
- 수량사＋～　　一种～ /
- ～＋동사　　～增多了 / ～减少了 / ～满足了
- ～＋형용사　　～很迫切 / ～过分 / ～合理

3 答复

- ～ + 동사　　～结束了 / ～作出了
- ～ + 형용사　　～得恰当 / ～得清楚 / ～得诚恳 / ～得干脆
- ～ + 수량사　　～过一回 / ～过一遍
- ～ + 명사　　～的内容 / ～的方式 / ～的期限
- 동사 + ～　　给予～ / 予以～ / 请求～ / 拒绝～

4 贵重

- ～ + 명사　　～的宝石 / ～的礼品 / ～的纪念品
- 동사 + ～　　认为～ / 意味着～
- 형용사 + ～　　实在～ / 的确～ / 极端～

5 敏感

- 동사 + ～　　需要～ / 用不着～
- 형용사 + ～　　过分～ / 一贯～ / 异常～
- ～ + 명사　　～的问题 / ～的案件
- ～ + 동사　　～地想 / ～地觉察 / ～地作出(反应)
- ～ + 형용사　　～得厉害 / ～得不得了

6 踏实

- 명사 + ～　　作风～ / 学问～ / 态度～ / 内心～ / 心底～
- 동사 + ～　　觉得～ / 感到～ / 感觉～
- 동사 + ～　　表现得～ / 学习得～ / 工作得～
- ～ + 명사　　～的精神 / ～的人 / ～的作风 / ～的心情 / ～的情绪
- ～ + 동사　　～地干 / ～地劳动

7 中心

- 명사＋～　　文化的～ / 交通的～ / 软件的～ / 金融的～
- 동사＋～　　管理的～ / 活动的～ / 教学的～ / 开发～
- ～＋명사　　～的问题 / ～的任务 / ～的环节 / ～的作用

8 打扫

- ～＋명사　　～垃圾 / ～尘土 / ～脏物 / ～厕所
- ～＋得＋형용사　　～得干净 / ～得彻底 / ～得马虎 / ～得亮堂

注 释

1 价钱能优惠些吗

'优惠'는 가격 흥정시 '할인하다(해주다), 값을 깎다(깎아주다)' 등의 의미로 사용된다.

1) 我老在你这儿买，还不给点儿优惠？
2) 能不能优惠点儿？
3) 多买优惠!
4) 多买怎么优惠？

2 不要放在房间里

'방에 두지 마세요'를 중국어로 옮길 경우 일견 '不要放在房间'만으로 문제가 없는 것으로 보이지만 중국어에서는 장소를 표현할 경우 적당한 방위사(方位词)를 사용하여 장소를 구체적으로 표현해주어야 한다. 이 문장의 경우 방에 무언가를 둘 경우 실제는 '방안'에 두는 것이므로 '안, 내부'를 표현하는 방위사 '里'를 붙여야 한다.

1) 我在路上遇见了一个老朋友。
2) 你把那本书放在桌子上吧。
3) 抽屉里有块巧克力。

3 我看你睡得很香

'香'은 '향기롭다'의 의미 외에도 '음식의 맛이 좋다', '입맛이 있다', '잠을 달콤하게 자다' 등의 의미로도 사용된다.

1) 这花真香。
2) 这两天吃饭不香。
3) 饭很香。
4) 睡得正香呢。

4 我打个电话叫早餐

'叫'는 '(음식 등)을 주문하다, 시키다', '차를 부르다' 등의 의미로 필요한 것을 누군가에게 시켜 보내줄 것을 요청할 때 사용된다.

1) 叫车
2) 叫两个菜

5 主食有面包和米饭

'主食'는 일반적으로 식사할 때 요리 외에 먹는 주식으로 주로 곡물로 만든 것을 가리킨다. 중국의 식당에서 밥을 먹을 때 먼저 요리를 먹은 다음 이 '主食'를 시키게 되는데 '米饭', '馒头' 등이 있다.

1) 主食来点儿什么?

6 我有几件衣服要干洗

'동사1(有/没有) + 목적어 + 동사2'의 형식은 한국어로 번역할 때 '~할(한) ~이(가)있다(없다)'로 하는 것이 일반적이다. 이는 한국어의 자연스런 어순에 따라 번역한 결과로 마치 후치수식(뒤에서 수식)의 문장구조로 파악될 수 있다. 그러나 중국어에서 이와 같은 문장은 두 동작의 발생 시간 선후에 따라 동작이 배열되는 논리관계를 갖는 것으로 이해하는 것이 좋다.

1) 我们都有房子住。
2) 你最近有电影看吗？
3) 我有件事情想跟你商量。
4) 我有几个问题要问你。
5) 我没有时间跟你闲聊。

练 习

1. 用正确的语调读出下面的句子：

1) 欢迎光临。
2) 请您稍等，我查一下。
3) 请给我一个安静的房间好吗？
4) 如果我们多住些时候，价钱能优惠些吗？
5) 我看你睡得很香。
6) 您好，请问，机票在哪儿订？
7) 结算房费时会一起结算的。

2. 用指定词语完成句子

1) 昨天去机场 ______________________________。(订)
2) 她不懂汉语，____________________________。(需要)
3) 对老师的问题，__________________________。(答复)
4) 任务完成了，____________________________。(踏实)
5) 浩杰病了，起不来床，____________________。(一下)
6) 买东西用信用卡 __________________________。(结算)
7) 这件事 ____________________________________。(请示)

3. 对话训练

请用下面的话题进行对话 ：

1) 预定房间
2) 客房服务
3) 退房

4. 成段表达训练

要是你去中国旅行，住处有旅馆、招待所、饭店可以选择，那你会选择哪一种？说说你的理由。

第 9 课

在邮电局

情景 1

(信函窗口前)

爱华　先生，我要邮几封信和几张贺卡，不知该贴多少钱的邮票[1]？

邮局营业员　您拿过来[2]，我看看，一封国内平信四百元，两封挂号信一千六百元，这两封邮往中国的要用国际特快专递EMS信封[3]。

爱华　EMS邮费多少钱？

邮局营业员　一千克以内一万三[4]。

爱华　在这交款吗？

邮局营业员　在这儿交完款后，到对面服务台去贴完邮票，然后平信投到邮筒里，挂号信和EMS交给我就行了。

爱华　谢谢您。

(邮包窗口前)

素英　您好，我想寄几本书和一些衣服。

邮局营业员　您的包装不符合规格，要重新打包。

素英　那怎么办呢？

邮局营业员　对面柜台有邮局规定的纸箱，您买一个，把东西装进去打上胶带就可以了[5]。

素英　这么长的队，再重新排队，等轮到我不就下班了吗[6]？

邮局营业员　啊，不用再排队了，直接拿过来交给我就可以了。

素英　太谢谢您了。

生 词

信函	xìnhán	편지, 우편물
窗口	chuāngkǒu	창구
邮	yóu	우편으로 부치다
平信	píngxìn	보통 우편
挂号信	guàhàoxìn	등기 우편
国际特快专递	guójìtèkuàizhuāndì	국제특급우편
邮费	yóufèi	우편 요금
克	kè	(용량 단위) 그램
投	tóu	던지다, 넣다
邮筒	yóutǒng	우체통
邮包	yóubāo	소포
符合	fúhé	부합하다
重新	chóngxīn	다시, 새로이
打包	dǎbāo	포장하다
纸箱	zhǐxiāng	종이상자
胶带	jiāodài	(접착용) 테이프
排队	páiduì	줄 서다
轮	lún	차례가 되다
直接	zhíjiē	직접, 바로

情景 2

浩 杰	我想办个存折，到哪家银行好呢？
素 英	是定期的，还是活期的？
浩 杰	活期的。
素 英	咱们学校邮局就可以。
浩 杰	那可太方便了，如果没有别的事，你陪我去好吗？
素 英	没问题。

(邮政储蓄窗口)

浩 杰	您好，我想办一个活期存折。
邮局营业员	请先填写这张存款单。
浩 杰	都得填完吗？
邮局营业员	不用，只填上面蓝框内的内容，然后在下面签字栏上签上您的名字即可。
浩 杰	先生，我是留学生，没有身份证。外国人居留证也可以吗？
邮局营业员	护照和外国人身份证都可以。
浩 杰	填完了，给您。
邮局营业员	请把证件给我，开个户头至少要一千元。
浩 杰	啊，给您，这是一万元。
邮局营业员	需要办现金提取卡吗？
浩 杰	是做什么用的？
邮局营业员	就是那种随时可以在取款机上直接提取现金的银行卡，但不是信用卡。
浩 杰	请给我办一个。

生 词

存折	cúnzhé	통장
定期(存款)	dìngqī	정기(예금)
活期(存款)	huóqī	보통, 당좌(예금)
储蓄	chǔxù	저축
存款单	cúnkuǎndān	예금증서
框	kuāng	테두리
签字栏	qiānzìlán	서명란
签	qiān	서명하다
居留证	jūliúzhèng	거류증
开户头	kāi hùtóu	통장을 개설하다
现金提取卡	xiànjīntíqǔkǎ	현금인출카드
取款机	qǔkuǎnjī	현금인출기

词语搭配与扩展

1 符合

- 명사＋～　年龄～ / 学历～ / 素质～ / 条件～
- 형용사＋～　完全～ / 大致～ / 确实～
- 동사＋～　制造得～ / 做得～ / 办得～
- ～＋명사　～事实 / ～逻辑 / ～情理
- ～＋동사　～要求 / ～需要 / ～希望

2 直接

- ～＋명사　～的人选 / ～的负责人/ ～的肇事者 / ～的使命 / ～的影响 / ～的损失 / ～的压力
- ～＋동사　～推理 / ～地批评/ ～接触 / ～地指导 / ～地提出 / ～地了解 / ～地帮助

3 方便

1) 形容词

- 명사＋～　交通～ / 残疾人～/ 行人～ / (这个)时间～ / (这个)地点～ / 手头(不)～
- 동사＋～　乘车～ / 购物～/ 住宿～ / 说话(不)～ / 干活(不)～ / 提供～ /
- ～＋수량사　～了几次 / ～了几天 / ～一下

2) 动词

- ～＋명사　～群众 / ～顾客 / ～乘客 / ～旅客 / ～病人 / ～别人

注 释

1 不知该贴多少钱的邮票

'该'는 '应该', '应当'의 의미로 입말에서 상용된다.

1) 老师，这个字该怎么念？
2) 天不早了，我该回去了。
3) 这件衣服破了，该买件新的了。

2 您拿过来

'동사 + 过来'는 동작이 화자를 향해 진행됨을 나타낸다.

1) 一群孩子跑过来。
2) 你把书给我拿过来。

'过来'는 기본적인 방향의 의미를 나타내는 것 외에 종종 파생, 확장되어 '원래 상태나 정상적인 상태로 돌아오다'의 의미를 나타내기도 한다.

3) 他醒过来了。
4) 我把坏习惯改过来了。

3 这两封邮往中国的要用国际特快专递EMS信封

'往(wǎng)은 일부 동사(开、通、邮、迁、送、运、飞、寄、派、逃)뒤에 놓여 동작의 방향을 나타내는 보어 역할을 한다.

1) 公路通往山区。
2) 本店迁往路东六六号营业。
3) 你得坐开往仁川方向的地铁。

4 一千克以内一万三

'以内'는 통상 단독으로 사용되지 않고 주로 명사 또는 수량을 표시하는 말 뒤에 놓여 '처소'·'시간'·'범위'·'수량'·'거리' 등의 일정한 한계를 벗어나지 않음을 표시한다.

1) 学校以内
2) 他本月以内可能来首尔。
3) 写一篇三千字以内的文章。
4) 这项工程已经列入计划以内。

5 把东西装进去打上胶带就可以了

'上'은 동사 뒤에 보어로 쓰여 '첨가, 부착' 등의 의미를 표현한다.

1) 戴上手套。
2) 衣服镶上了一道花边。

6 等轮到我不就下班了吗

'轮'은 '차례, 순서가 되다'의 의미로 다양한 보어들과 결합하여 사용된다.

1) 发言还轮不着你。
2) 下个月就轮上你了。
3) 这么多人, 轮得上我吗?
4) 照这样轮下去, 直到每人都唱了一遍为止。
5) 今天该轮到你值班了。

练 习

1. 用正确的语调读出下面的句子:

❶ 小姐,我要邮几封信和几张贺卡,不知该贴多少钱的邮票?
❷ EMS邮费多少钱?
❸ 您的包装不符合规格,要重新打包。
❹ 这么长的队,再重新排队,等轮到我不就下班了吗?
❺ 那可太方便了,如果没有别的事,你陪我去好吗?
❻ 外国人居留证也可以吗?
❼ 需要办现金提取卡吗?
❽ 是做什么用的?

2. 用指定词语完成句子

❶ 我吃了晚饭,______________________________。(然后)
❷ 搬到这儿以后,______________________________。(交)
❸ 他把拆开的邮包 ______________________________。(重新)
❹ 人太多 ______________________________。(轮)
❺ 这条新修的公路通车后,______________________________。(方便)
❻ 他太忙了,______________________________。(陪)
❼ 有什么问题 ______________________________。(随时)

3. 对话训练

请用下面的话题进行对话:

❶ 国际特快专递

❷ 办存折

4. 成段表达训练：

❶ 在中国，信封的正确写法是什么？与韩国有什么不同？
❷ 在韩国，寄包裹有什么规定和限制？
❸ 活期存款好还是定期存款好？说说你的理由。

第 10 课

电 话

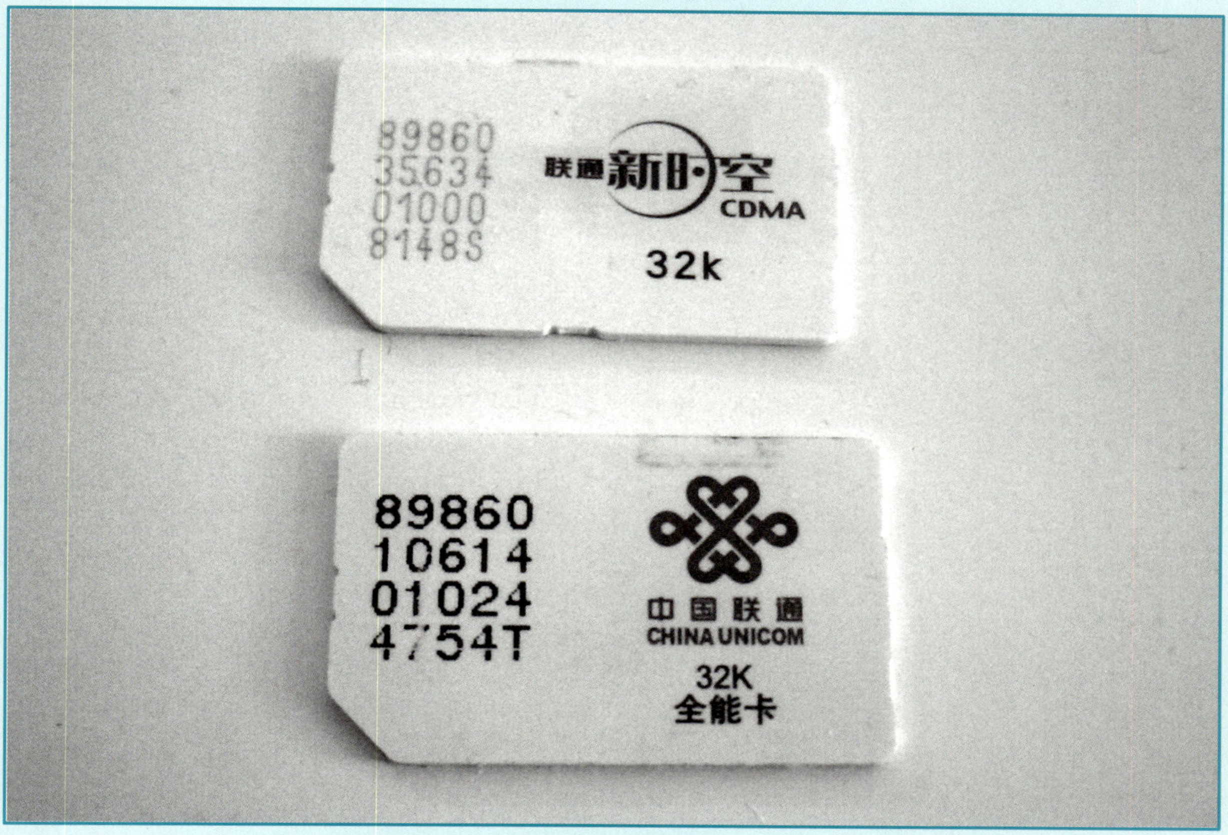
89860
35634
01000
8148S
联通新时空
CDMA
32k
89860
10614
01024
4754T
中国联通
CHINA UNICOM
32K
全能卡

情景 1

爱 华	喂, 您好, 请问是李民秀家吗?
民秀母亲	我是民秀的妈妈, 您找谁啊?
爱 华	您好, 伯母, 我是民秀的同学, 叫爱华。
民秀母亲	啊, 是爱华啊, 常听民秀说起你[1], 民秀现在不在家。
爱 华	不知怎么回事, 他的手机总是打不通。
民秀母亲	民秀的手机坏了, 昨天送去修了。你找民秀有什么事吗? 我帮你转告。
爱 华	啊, 伯母, 那请您告诉民秀, 我们社团小组讨论会的时间改在下周一了。地点是图书馆地下室, 时间是晚上七点。
民秀母亲	爱华, 你等一会儿, 我找笔记一下。
爱 华	伯母, 您别麻烦了。等民秀回来后[2], 让他给我打个电话吧, 我还有些别的事跟他说。
民秀母亲	那也好, 爱华, 有空儿来家玩儿。
爱 华	行, 我一定会去看您的。麻烦您了, 伯母, 再见。
民秀母亲	再见。

生词

伯母	bómǔ	큰어머니, (친구 등 아는 사람의) 어머니를 부르는 호칭
修	xiū	수리하다
转告	zhuǎngào	전달하다, 대신 알려주다
打不通	dǎbutōng	(전화가) 연결되지 않다
坏	huài	고장나다
社团	shètuán	동아리
小组	xiǎozǔ	팀
改	gǎi	변경하다, 바꾸다
地点	dìdiǎn	장소
记	jì	기록하다, 쓰다
下	xià	다음
周一	zhōuyī	월요일

情景 2

(中文系办公室门口)

素英　浩杰, 你看, "中级口语课的教授因事下周一停课[3], 落下的课下周六补。望各位同学周知。"

浩杰　好象是上午贴出来的。

素英　啊, 太好了。周一可以睡个大懒觉了。

浩杰　看把你美的, 真是不务正业。

素英　哎呀, 民秀今天没课不来学校, 他可能还不知道呢。

浩杰　你快点儿给他打个电话通知他一声。

(素英拿出手机)

素英　怎么总是占线?

浩杰　打不通吗? 要么给他留言或发短信吧!

素英　哎, 通了。喂, 民秀是我, 素英。

民秀　啊, 素英, 找我有什么事?

素英　非得有事才能找你吗?

民秀　那倒不是[4], 你在哪儿?

素英　学校, 哎, 民秀, 我告诉你一件事。

民秀　什么事?

素英　因为老师有事, 下周一的中级口语课不上了。落下的课下周六补。

民秀　真的吗? 周六我要打工, 不能去怎么办?

素英　我也是看了系办公室门口公告栏上贴出来的通知才知道的, 至于补课时不能来怎么办[5], 你打电话向系里问问。

民秀　素英, 谢谢你, 要不然周一我还得起个大早[6]。

素英　客气什么, 咱俩谁跟谁呀[7]!

生 词

因	yīn	~ 때문에, ~으로 인하여
停课	tíngkè	휴강하다
落下	làxià	빠뜨리다
补	bǔ	보충하다
望	wàng	바라다, 희망하다
周知	zhōuzhī	주지하다, 모두가 알다
睡懒觉	shuìlǎnjiào	늦잠 자다
不务正业	búwùzhèngyè	해야 할 일을 하지 않다
总是	zǒngshì	늘
占线	zhànxiàn	통화중(이다)
留言	liúyán	(휴대폰)음성 메시지를 남기다
发短信	fā duǎnxìn	(휴대폰) 문자를 보내다
打工	dǎgōng	아르바이트 하다
系办公室	xì bàngōngshì	학과 사무실
公告栏	gōnggàolán	게시판
至于	zhìyú	~에 관해서는
要不然	yàoburán	그렇지 않으면

词语搭配与扩展

1 讨论

- 명사＋～ 大会(在)～ / 代表们～(草案) / 委员们～ / 到处～
- 동사＋～ 开展～ / 进行～/ 引起～ / 号召～ / 轮流地～ / 分开～
- 형용사＋～ 热烈地～ / 充分地～/ 周密地～ / 公开～ / 踊跃地～
- ～＋명사 ～学问 / ～心得 / ～收获 / ～章程 / ～规划 / ～正题
- ～＋동사 ～学习 / ～工作 / ～改革
- ～＋형용사 ～得清楚 / ～得及时 / ～得详细
- ～＋수량사 ～一下 / ～一阵 / ～一番 / ～两回

2 麻烦

1) 形容词

- 명사＋～ (这件)事情(很)～ / (这个)工作(很)～/ (这件)活儿(很)～ / 礼节(很)～
- 동사＋～ 搬家(很)～ / 修理(很)～/ 筹备(很)～ / 计算(很)～ / 找～ / 惹～ / 嫌～ / 遇到～ / 造成～
- ～＋명사 ～的事情 / ～的工作 / ～的活儿
- ～＋형용사 ～得厉害 / ～透了

2) 动词

- ～＋명사 ～同事 / ～老师 / ～领导 / ～(人家)的事情
- ～＋수량사 ～一下 / ～一次
- 형용사＋～ 经常～ / 暂时～

3 通知

1) 动词

명사+～	办公室～了 / 学校～了 / 上级～了 / 口头～ / 书面～ / 电话～
동사+～	打算～ / 需要～ / 等候～ / 提前～ / 设法地～ / 轮流～ / 挨家地～
형용사+～	正式～ / 专门～ / 迅速地～ / 普遍～(到了) / 踊跃地～
～+명사	～各省 / ～学生 / ～事情 / ～(这个)问题
～+형용사	～得早 / ～得及时 / ～得适当 / ～得全
～+수량사	～两次 / ～一声 / ～四遍

2) 名词

～+동사	～产生了 / ～定稿了 / ～印了 / ～发了 / ～翻阅过
～+형용사	～简明 / ～简洁
～+명사	～的内容 / ～的写法 / ～的语句
명사+～	大会的～ / 会议的～/ 上级的～
동사+～	写～ / 起草～/ 删改～ / 排～ / 张贴～ / 下发～

注 释

1 常听民秀说起你

'起'는 일부 동사(说、谈、讲、问、提、回忆) 등의 뒤에 사용되어 '동작이 어떤 사물이나 대상에 관계됨'을 나타낸다.

1) 他来信问起你。
2) 我没有提起这件事。

2 等民秀回来后

'等'은 목적어로 동사(구)나 절을 취해 다른 절 앞에 쓰이기도 하는데 번역시 주의할 점은 동사 '等'의 의미를 살려 '~하기를 기다렸다가'로 하는 것 보다 '~하면, ~하고 나서, ~이후, ~하고서야' 등으로 의역하는 것이 자연스럽다.

1) 等吃过饭再去。
2) 等他来了再说。
3) 等我走到他床前的时候, 才发现他已经睡着了。
4) 等心情平静之后, 再继续往下说。

3 中级口语课的教授因事下周一停课

'因'은 '因为'와 의미, 기능이 같지만 주로 문어에 자주 쓰인다.

1) 因病请假
2) 因故改期
3) 因缺乏经验而失败
4) 这些人并未因挨打而失去创新和进取精神。

4 那倒不是

부정문에 '倒'를 사용하면 비교적 완만한 어기(뉘앙스)를 표현할 수 있다. '倒'를 사용하지 않는다고 해서 의미는 변하지 않으며 다만 어기가 다소 강해질 뿐이다.

1) 这倒不见得。
2) 那倒不一定。
3) 这倒不是故意的。

5 至于补课时不能来怎么办

'至于'는 절이나 문장 앞에서 '새로운 화제'를 이끄는 기능을 한다.

1) 这仅仅是我个人的一点意见, 至于这样做好不好, 请大家再考虑一下。
2) 他在危急关头想到的是人民的利益, 至于个人的安危, 他从来没有放在心上。

6 要不然周一我还得起个大早

'동사 + 个 + 동사/형용사' 형식에서 '个'는 보어를 이끄는 '得'와 비슷한 기능을 한다.

1) 看个仔细
2) 问个明白
3) 玩个痛快

7 咱俩谁跟谁呀

'우리가 어떤 사이인데'라는 뜻으로 아주 익숙하고 친한 사이에서 주로 사용된다.

练 习

1. 用正确的语调读出下面的句子:

❶ 我是民秀的妈妈, 您找谁啊?
❷ 您好, 伯母, 我是民秀的同学, 叫爱华。
❸ 不知怎么回事, 他的手机总是打不通。
❹ 伯母, 您别麻烦了。
❺ 那也好, 爱华, 有空儿来家玩儿。
❻ 看把你美的, 真是"不务正业。
❼ 非得有事才能找你吗?
❽ 那倒不是, 你在哪儿?
❾ 客气什么, 咱俩谁跟谁呀?!

2. 用指定词语完成句子:

❶ 如果你有空, ______________________________。(帮)
❷ 只要自己能做的事, ______________________________。(麻烦)
❸ 我的手机又坏了, ______________________________。(修)
❹ 我会尽力帮你找书的, ______________________________。(至于)
❺ 快回家吧, ______________________________。(要不然)

3. 对话训练

请用下面的话题进行对话:

❶ 打电话找人
❷ 打电话约朋友去看电影

4. 成段表达训练：

谈谈移动电话(手机)的利弊。

第 11 课

在饭馆

情景 1

浩杰　肚子好饿，几点了？
素英　差一刻六点，去食堂吃饭吧！
浩杰　今天真不想吃食堂[1]，翻来覆去就那么几样。今天咱们改善改善伙食吧[2]，到外面吃一顿怎么样？
素英　也好，你说去哪儿好呢？
浩杰　肚子饿得前胸快要贴上后背了，就到正门去吧，近点儿。
素英　叫上民秀和爱华吧。

(饭店里)

服务员　欢迎光临，几位？
民秀　四个人。
服务员　里面有单间雅座，比较安静。
爱华　不用了，我不习惯盘腿，我们还是坐在外面吃吧。

(入座后)

服务员　这是菜单，几位来点儿什么[3]？
浩杰　我吃不了辣的，给我来个参鸡汤，你们呢？
素英　给我来一份儿烤牛肉。
民秀　辣白菜炒饭。
爱华　我一点儿胃口都没有，吃什么呢？
服务员　对不起，烤牛肉一份儿没法做，至少要点两份儿才行。
素英　爱华，咱们一起吃烤牛肉吧！
爱华　好吧！两份儿烤牛肉。
服务员　(过了一会儿) 这是四位点的，都齐了[4]，请慢用。

好	hǎo	(형용사, 동사 앞에서) 매우
改善	gǎishàn	개선하다
伙食	huǒshí	(학교, 기관 등에서 하는) 식사
前胸	qiánxiōng	가슴
后背	hòubèi	등
雅座	yǎzuò	(음식점, 술집 등에서 정취있고 편안하게 꾸며놓은 작은 방) 별실, 내실
盘腿	pántuǐ	책상다리를 하다
一份儿	yīfènr	1인분
烤牛肉	kǎoniúròu	소고기 불고기
辣白菜炒饭	làbáicàichǎofàn	김치볶음밥
胃口	wèikǒu	입맛, 식욕
没法	méifǎ	~할 수 없다
至少	zhìshǎo	최소한, 적어도
齐	qí	모두 갖추어지다

情景 2

素英　这是韩国的海鲜火锅，请大家慢用。

浩杰　哇，红红的一大锅，一定很辣吧？

素英　就是看着红，你尝尝，吃起来还可以。

浩杰　(尝过之后)真的很好吃，我从来没吃过这么好吃的海鲜火锅。虽然有点儿辣，但挺下饭的。

素英　多吃点儿。浩杰，你对韩国的饮食习惯吗？

浩杰　刚来的时候，不太习惯，韩国菜以辣和咸为主，起初我只吃像烤牛肉和参鸡汤这样不辣的东西。现在呢，每顿少了辣的，我还吃不下饭呢。

(看了看旁边桌上四五个人津津有味地喝着酱汤)

素英　你看，他们吃的多热闹！在韩国，不管是在家里，还是在饭馆，大家会围坐在一起喝一个锅里的汤。在中国也这样吗？

浩杰　跟韩国差不多，初次见面或宴请比较重要的客人时，餐桌上有公用的勺，每个人面前都有一个汤碗，用公用的汤勺把汤盛到自己的汤碗里喝。如果大家比较熟的话，也会像这样一起喝。

素英　咳，我还挺担心的，怕你不习惯[5]。浩杰，我看你特别爱吃泡菜。

浩杰　我特别爱吃这泡菜，简直到了着迷的地步。刚淹好的吃起来沙沙爽口，发了酵的回味无穷。

素英　想不到你这么内行，比我这个韩国人还会吃。

生 词

海鲜火锅	hǎixiānhuǒguō	해물탕
下饭	xiàfàn	(반찬이)입맛을 돋구다
饮食	yǐnshí	음식
以～为～	yǐ～wéi～	～을 ～로 삼다
起初	qǐchū	처음, 최초에
参鸡汤	shēnjītāng	삼계탕
少	shǎo	빠지다, 부족하다
津津有味	jīnjīnyǒuwèi	흥미진진하다
酱汤	jiàngtāng	된장국
围	wéi	둘러싸다
宴请	yànqǐng	잔치를 베풀어 손님을 초대하다
公用	gōngyòng	공용(하다)
汤碗	tāngwǎn	국그릇
汤勺	tāngsháo	국자
盛	chéng	담다
简直	jiǎnzhí	그야말로, 실로
着迷	zháomí	몰두하다, 정신이 팔리다
沙沙	shāshā	사각사각(의성어)
发酵	fājiào	발효시키다
回味	huíwèi	(음식의)뒷맛
无穷	wúqióng	무한하다
内行	nèiháng	정통하다

词语搭配与扩展

1 改善

- 명사+～　伙食～了 / 待遇～了/ 境况～了 / 住房～了
- 형용사+～　全部～ / 部分～/ 一律～ / 临时～ / 定期～ / 近期～ / 暗中～
- 동사+～　重视～ / 忽视～/ 力图～ / 加以～
- ～+명사　～的方式 / ～的可能性/ ～的必要性 / ～伙食 / ～待遇

2 胃口

- 명사+～　顾客的～ / 母亲的～ / 观众的～ / 读者的～
- 동사+～　倒了～ / 败坏了～/ 调换～ / 对了～
- ～+동사　～来了 / ～上来了 / ～恢复了
- ～+형용사　～不错 / ～(不)佳 / ～糟糕 / ～(极)坏

3 习惯

1) 动词

- 명사+～　生活～了 / 气候～了/ 水土～了
- 동사+～　居住～了 / 吃西餐～了 / 使钢笔～了 / 过得～ / 吃得～ / 住得～
- 형용사+～　完全～了 / 彻底～了 / 基本～了
- ～+명사　～(新)环境 / ～(新)生活 / ～(新)路线
- ～+동사　～上学 / ～上夜班 / ～熬夜 / ～挤汽车

2) 名词

- 명사+～　学生的～ / 演员的～ / 民族的～ / 卫生的～
- 동사+～　养成～ / 成为～ / 培养～ / 改正～
- 형용사+～　老～ / 旧～ / 传统的～ / 奇怪的～ / 耿直的～

4 地步

- 동사+～　达到(某种)～ / 到了(某种)～ / 留(个)～ / 落得(如此的)～ / 睡不着的～ / 发狂的～
- 형용사+～　(十分)纯熟的～ / (极其)危险的～ / (十分)难堪的～ / (非常)狼狈的～ / 愁苦的～

注 释

① 今天真不想吃食堂

중국어에서 '동사 + 목적어'는 한국어와는 달리 다양한 의미관계를 갖는다. 이 문장의 경우 한국어에서 '동사 + 목적어'의 일반적인 의미관계에 따라 보면 '오늘 정말이지 식당을 먹고 싶지 않다'로 되어 매우 어색한 번역이 된다. 중국어에서는 제한적이지만 동사 뒤에 장소를 표현하는 목적어가 오고 이때 목적어가 앞 동사가 표현하는 행위가 이루어지는 곳을 나타내는데 대표적인 동사가 '吃'이다. 따라서 이 문장은 '今天真不想在食堂吃饭'으로 바꿔 이해할 수 있다. 이 외에 일부 동사 뒤에 명사가 오고 이 명사가 도구의 의미를 나타내기도 한다.

1) 我喝大杯, 你喝小杯吧。
   = 我用大杯喝, 你用小杯喝吧。

② 今天咱们改善改善伙食吧

'改善伙食'는 '식사를 좀 개선해보자'라는 뜻으로 항상 먹는 평범한 음식이 아닌 고급스럽고 맛있는 음식을 먹자는 의미를 표현한다. 이때 '改善'과 유사한 의미를 표현하는 동사로 '犒劳'가 자주 쓰인다.

③ 几位来点儿什么

'来'는 입말에서 종종 다른 동사를 대체해 사용되며 '来'가 대체하는 동사는 구체적인 문맥 속에서 파악될 수 있다. 이 문장의 경우 식당에서 종업원이 주문을 받는 상황이므로 이때 '来'는 '吃'을 대체해 사용된 것으로 볼 수 있다. 아래의 예문 역시 사용되는 구체적 문맥 속에서 여러 동사들로 교체될 수 있다.

1) 再来点儿吧？
2) 先生，您来点儿什么？

4 都齐了

'齐'는 포괄적 개념의 '모두 갖추어지다'의 의미로 문장에서 주로 단독으로 쓰이거나 다른 동사 뒤에서 보어 역할을 한다.

1) 人齐了，咱们开会吧。
2) 人来得比较齐。
3) 东西全备齐了。
4) 等人到齐了，咱们就出发。

5 怕你不习惯

'怕'는 '걱정하다'의 의미로 동사, 형용사, 절 등을 목적어로 갖는다. 특히 절을 목적어로 가질 경우 번역은 '~할까봐' 정도로 하는 것이 자연스럽다.

1) 我怕迟到，六点就动身了。
2) 我怕人手不够，把小林也叫来了。
3) 他怕你不知道，要我告诉你一声。

练 习

1. 用正确的语调读出下面的句子:

❶ 今天咱们改善改善伙食吧
❷ 肚子饿得前胸快要贴上后背了。
❸ 我们还是坐在外面吃吧。
❹ 我一点儿胃口都没有, 吃什么呢?
❺ 这是四位点的, 都齐了, 请慢用。
❻ 哇, 红红的一大锅, 一定很辣吧?
❼ 想不到你这么内行, 比我这个韩国人还会吃。

2. 用指定词语完成句子:

❶ 平日工作忙, ________________。(改善)
❷ 人少了搬不动, ________________。(还是)
❸ 从我们家到学校 ________________。(至少)
❹ 你刚来这儿, ________________。(习惯)
❺ 他是中文系教授, ________________。(内行)
❻ 我激动得 ________________。(地步)

3. 对话训练

请用下面的话题进行对话:

❶ 下馆子
❷ 点菜
❸ AA制

4. 成段表达训练：

❶ 和朋友一起出去吃饭，结帐的最好方法是什么？ 说说理由。

❷ 中国菜和韩国菜的主要特点是什么？

第 12 课

问路

情景 1

外大招生办工作人员A	喂，您好，外大招生办。
国 荣	您好，我想到外大办入学手续，不知道怎么去。
外大招生办工作人员A	请说出您现在的位置。
国 荣	我现在在外大地铁站。
外大招生办工作人员A	您从检票口出来后，从右边的楼梯下来，再右拐，顺着大街一直往前走[1]，大约走五分钟。在三叉路口过马路就是外大。
国 荣	谢谢您。

(办完入学手续后)

外大招生办工作人员A	您的入学手续已经全部办妥了。
国 荣	谢谢！我想问一下儿，去汝矣岛应该坐几路公车？
外大招生办工作人员A	真不好意思，我对首尔的交通也不太熟悉，您问一下儿别人吧。

(问旁边的工作人员B)

外大招生办工作人员B	要去汝矣岛吗？现在正是高峰期，路上车堵得很厉害，您还是坐地铁去吧！
国 荣	我应该怎么坐呢？
外大招生办工作人员B	首先到外大前地铁站，搭乘开往仁川方向的地铁后，在钟路三街站换乘地铁五号线就可以到汝矣岛了。
国 荣	大概需要多长时间呢？
外大招生办工作人员B	大约一个小时。

生词

招生办	zhāoshēngbàn	입학처
检票口	jiǎnpiàokǒu	개찰구
楼梯	lóutī	계단
顺着	shùnzhe	～따라서
三叉路口	sānchālùkǒu	세 갈래 길
妥	tuǒ	(동사 뒤에 보어로 쓰여 일의 완성을 의미한다)
公车	gōngchē	버스
熟悉	shúxī	익숙하다, 잘 알다
正是	zhèngshì	마침 ～이다
高峰期	gāofēngqī	러시아워
搭乘	dāchéng	타다
换乘	huànchéng	갈아타다
大约	dàyuē	대략

情景 2

浩杰　小姐, 请问, 到景福宫怎么走?

路人　景福宫? 还远着呢! 我看你最好是坐车去[2]。

浩杰　坐车要坐几站?

路人　大约五六站吧!

浩杰　我们想走着去[3], 好顺便四处看看[4]。

路人　是这样, 那你们沿这条大街一直往前走, 到第四个路口, 往左拐, 再往前走会有一个书店, 到那儿, 再问问别人吧。

浩杰　谢谢您。(走了一段路后)

爱华　怎么这么远啊!

浩杰　我想应该快到了吧, 咱们大约走了四五站吧。

爱华　早知道这样, 还不如坐车来呢[5]。

浩杰　走吧, 别发牢骚了[6]。来, 咱们到饮料店喝点儿东西再走。

(书店前)

爱华　劳驾, 我想打听一下, 这儿离景福宫还远吗?

路人　路倒是不太远, 就是不太好找。

爱华　那打车去呢?

路人　我看不用打车, 车站就在前边, 坐两站就到。

爱华　坐几路?

路人　除五十五路以外都到。快点儿去吧, 再过两个小时就关门了。

爱华　太谢谢您了。

生 词

景福宫	Jǐngfúgōng	경복궁
最好	zuìhǎo	가장 좋기로는
好	hǎo	~하기 편하게, ~할 수 있도록
顺便	shùnbiàn	~하는 김에
四处	sìchù	사방, 여러 곳
沿	yán	~따라
不如	bùrú	~만 못하다, ~하는 편이 낫다
牢骚	láosāo	불평, 푸념
饮料店	yǐnliàodiàn	음료수 가게

词语搭配与扩展

1 手续

- ~ + 동사　～办了 / ～增加了 / ～简化了
- ~ + 형용사　～麻烦 / ～简便 / ～繁多 / ～完备
- ~ + 명사　～的程序 / ～代办人
- 명사 + ~　法律～ / 债务～
- 동사 + ~　办理～ / 完成了～ / 经过(几道)～
- 형용사 + ~　大～ / 小～ / 初步的～ / 合法的～ / 相似的～
- 수량사 + ~　两次～ / 三道～

2 位置

- ~ + 동사　～安排了 / ～确定了 / ～挪动了 / ～固定了 / ～下降了 / ～晋升了 / ～失掉了
- ~ + 형용사　～适中 / ～适宜 / ～稳 / ～(很)高 / ～次要
- 명사 + ~　轮船的～ / 北斗星的～ / 头版的～ / 厂长的～ / 科长的～ / 主任的～

3 交通

- ~ + 동사　～堵塞 / ～中断 / ～阻隔 / ～恢复了
- ~ + 형용사　～发达 / ～便利 / ～密集 / ～通畅
- ~ + 명사　～工具 / ～干线 / ～要道 / ～部门 / ～规则 / ～警察 / ～问题 / ～事故
- 명사 + ~　铁路～ / 公路～ / 水陆～ / 现代化的～ / 地方的～
- 동사 + ~　发展～ / 改进～ / 整顿～ / 控制～ / 指挥～

5 熟悉

- ～＋동사　～操作 / ～编辑 / ～演出
- ～＋형용사　～得快 / ～得迅速 / ～得及时
- ～＋명사　～情况 / ～民情 / ～风土人情 / ～国情 / ～内情 / ～业务 / ～历史 / ～关系网 / ～小巷 / ～的身影 / ～的桑音 / ～的笔迹 / ～的脚步声
- 명사＋～　两人～ / 业务～
- 형용사＋～　异常～ / 惊人～

6 牢骚

- ～＋형용사　～(太)盛 / ～多 / ～重 / ～满(腹)
- ～＋명사　～话 / ～的文章 / ～的感情
- 명사＋～　自己的～ / 学生的～ / 售货员的～
- 동사＋～　发～ / 发泄～/ 勾起～ / 引起～ / 触发起(内心)的～ / 产生～
- 수량사＋～　几句～ / 一顿～ / 一大堆～ / 一肚子～ / 一腔～

注 释

1 顺着大街一直往前走

'顺着'는 '～따라서'의 의미로 통상 뒤에 오는 목적어가 긴 명사구로 이루어진 경우 반드시 '顺着'의 형태로 써야 한다. 때에 따라서는 '顺'의 형태로만 쓰이기도 하며 단음절 명사와 결합되어 관용어를 형성하기도 한다.

1) 顺着一排红砖大楼走到头, 就是我们学校。
2) 顺河边走。
3) 顺口而出
4) 顺手关门

2 我看你最好是坐车去

'最好'는 '가장 이상적인 선택이나 최대의 희망'을 나타낸다.

1) 你最好亲自去一趟。
2) 最好也不下雨, 也不刮风, 能够痛痛快快玩一天。

3 我们想走着去

'동사1 + 着 + 동사2'의 형식은 두 개의 동작이 동시에 진행됨을 나타내는데 이때 '着'는 '동사1'뒤에 사용되어 '동사2'의 동작, 행위에 대한 방식을 표현한다.

1) 站着讲
2) 抿着嘴笑
3) 硬着头皮回答

4 好顺便四处看看

'好'는 '~하도록, ~할 수 있도록'의 의미로 이어지는 두 절에서 뒤의 절에 사용되어 앞 절의 동작의 목적을 나타낸다.

1) 多去几个人, 有事好商量。
2) 你留个电话, 到时候我好通知你。

5 还不如坐车来呢

'不如'는 비교문에 사용되어 '~만 못하다'의 의미를 나타낸다.

1) 走路不如骑车。
2) 一个人唱不如大家一块儿唱。
3) 你去不如我去。

1 别发牢骚了

'发'는 주로 다양한 감정을 '드러내다' 혹은 '신체의 변화' 등을 나타내는데 사용된다.

1) 发毛
2) 发脾气
3) 发笑
4) 发火
5) 发痒
6) 发抖
7) 眼睛发直
8) 人到中年容易发胖。

练 习

1. 用正确的语调读出下面的句子：

❶ 喂，您好，外大招生办。
❷ 请说出您现在的位置。
❸ 我想问一下儿，去汝矣岛应该坐几路公车？
❹ 现在正是高峰期，路上车堵得很厉害，您还是坐地铁去吧！
❺ 大概需要多长时间呢？
❻ 先生，请问，到景福宫怎么走？
❼ 劳驾，我想打听一下，这儿离景福宫还远吗？
❽ 路倒是不太远，就是不太好找。

2. 用指定词语完成句子：

❶ 从首尔到北京，________________________________？(需要)
❷ 你去上海出差，________________________________。(顺便)
❸ 问了好几个人，________________________________。(打听)
❹ 别忘了带伞，________________________________。(好)
❺ 质量倒挺好，________________________________。(就是)
❻ 你给我买的衬衫，________________________________。(正是)

3. 对话训练

请用下面的话题进行对话：

❶ 向一个陌生人问路
❷ 电话里告诉你朋友怎么来外大

4. 成段表达训练：

❶ 在韩国，利用率最高的交通工具是什么？

❷ 谈谈你的一次乘车经历。

❸ 路上碰到了一个美国人，他向你问路，你会怎么办？

第 13 课

在机场

情景 1

(机场问事处)

浩 杰　小姐，请问在哪儿办登机手续？

服务台小姐　是几点、去哪儿的航班？

浩 杰　两点半飞往北京的。

服务台小姐　是KE851航班，从这儿往前走大约100米，然后右拐，14号就是。

浩 杰　小姐，机场建设费在哪儿交[1]？

服务台小姐　先生，看来您很长时间没来机场了。是吧？您的机票里已包含了机场建设费。

浩 杰　是吗？这倒挺省事的[2]。谢谢您。

服务台小姐　不客气，祝您旅途愉快！

(行李托运处)

浩 杰　请问，两点半飞往北京的飞机，是在这里办登机手续吗？

工作人员　是的，请把您的护照和机票给我。

浩 杰　给您。

工作人员　您有需要托运的行李吗？

浩 杰　有，小姐，我的行李比较多，可能会超重，怎么办好呢？

工作人员　我们先称称看[3]，(称完后) 共三件，是有点儿超重。这样吧，这个小旅行包可以随身携带，这样的话[4]，就不超重了。

浩 杰　太好了，谢谢您。

工作人员　我把行李托运单贴在护照后面了，请您保管好。

浩 杰　小姐，再麻烦您一下儿，帮我订个靠窗的位子好吗？我想好好休息休息。

工作人员　好的，登机手续办完了。

浩 杰　谢谢。

生 词

登机手续	dēngjīshǒuxù	탑승수속
KE851航班	KE851hángbān	대한항공 851편
机场建设费	jīchǎngjiànshèfèi	공항이용료
包含	bāohán	포함하다
省事	shěngshì	일을 덜다
托运	tuōyùn	탁송하다
超重	chāozhòng	중량 초과하다
携带	xiédài	휴대하다
保管	bǎoguǎn	보관하다

情景 2

苏 萍　请问, 在哪儿办入境手续?
工作人员　楼下。往前走下楼后右拐就是。

(办理入境手续的工作台)

苏 萍　您好, 这是我的护照。
工作人员　请把入境登记卡给我。
苏 萍　在这儿。
工作人员　您是来学习韩国语的啊, 三个月以内请到出入境管理处办理居留证。
苏 萍　谢谢。

(海关大厅)

工作人员　请出示护照。
苏 萍　啊! 这是我的护照。
工作人员　您有几件行李?
苏 萍　三个箱子, 里边是生活用品和一些书。
工作人员　需要申报的东西是笔记本电脑和数码相机, 对吗?
苏 萍　对。
工作人员　请打开箱子, 我们检查一下好吗?
苏 萍　好的。

生 词

入境手续	rùjìngshǒuxù	입국수속
入境登记卡	rùjìngdēngjìkǎ	입국신고서
出入境管理处	chūrùjìngguǎnlǐchù	출입국관리소
出示	chūshì	제시하다
生活用品	shēnghuóyòngpǐn	생활용품
申报	shēnbào	신고하다
数码相机	shùmǎxiàngjī	디지털카메라
检查	jiǎnchá	검사하다， 살펴보다

词语搭配与扩展

1 包含

- ～＋형용사　～悲哀 / ～遗憾 / ～得丰富 / ～得全面
- ～＋명사　～(两层)意思 / ～(三种)意义 / ～哲理
- 명사＋～　思想～(进去了) / 意思～(在里面了)
- 형용사＋～　明显地～ / 普遍～ / 自然地～

2 愉快

- ～＋명사　～的笑容 / ～的笑意 / ～的眼神 / ～的旋律
- 명사＋～　心情～ / 神情～ / 心底～ / 神色～

3 客气

- ～＋동사　～地说 / ～地问 / ～地批评 / ～地谦让 / 地回绝
- ～＋형용사　～得要命 / ～得过分
- ～＋명사　～的态度 / ～的言词
- 동사＋～　说话～ / 措辞～/ 表现～

4 携带

- ～＋명사　～孩子 / ～家属 / ～妻小 / ～食物 / ～衣物 / ～帐篷 / 危险品 / ～枪支 / ～爆炸物 / ～证件 / ～钞票
- 동사＋～　允许～ / 禁止～/ 便于～
- 형용사＋～　容易～ / 大量～ / 一律～

注 释

1 机场建设费在哪儿交

'机场建设费'는 '공항이용료'로 이전에는 별도로 구매했어야 하지만 지금은 비행기표 값에 포함되어 있어 별도로 살 필요가 없다. 공항이용료는 구매자입장에서는 돈을 내고 사는 것(买)이지만 한편으로는 구매함으로서 동시에 공항이용료를 지불하는 것이 되므로 동사 '交'를 사용하기도 했다.

2 这倒挺省事的

'省'은 일부 명사와 결합하여 '아끼다, 덜다, 절약하다' 등의 의미를 표현한다.

1) 坐地铁既可以省钱, 又可以省时间。

3 我们先称称看

'看'은 중첩된 동사 뒤에 쓰여 '시도'의 의미를 더해준다.

1) 你先尝尝看。
2) 让我想想看。
3) 大家再动动脑筋看。

4 这样的话

'这样'은 어떤 동작이나 상황을 대신하여 각종 문장성분으로 사용될 수 있다.

1) 这样不好。
2) 照这样去做。
3) 好, 就这样吧。
4) 只有这样, 才能把工作做好。

练 习

1. 用正确的语调读出下面的句子：

❶ 是几点、去哪儿的航班？
❷ 这倒挺省事的。谢谢您。
❸ 祝您旅途愉快！
❹ 我的行李比较多，可能会超重，怎么办好呢？
❺ 这个小旅行包可以随身携带，这样的话，就不超重了。
❻ 请打开箱子，我们检查一下好吗？

2. 用指定词语完成句子：

❶ 旅行时，________________。(携带)
❷ 这句话 ________________。(包含)
❸ 我读了两遍，又请人讲了一遍，________________。(这样)

3. 对话训练

请用下面的话题进行对话：

❶ 办入境手续
❷ 托运行李
❸ 取行李

4. 成段表达训练：

谈谈韩国人在告别时的习惯，说说与中国人的习惯有什么不同？

第 14 课

打工

情景 1

浩杰	忙吗？
民秀	还行，人不多。
浩杰	什么时候下班？
民秀	这周是夜班，明天早上六点下班。
浩杰	吃得消吗？你可注意点儿，别累坏了身体。
民秀	放心好了，我身体棒着呢[1]。
浩杰	凭你的家境用得着打工吗？
民秀	我打算暑假去欧洲旅游，又不想向父母伸手要钱，所以从这个寒假开始勤工俭学，自己挣出旅游的经费。
浩杰	真服了你了[2]，有志者事竟成[3]。
民秀	浩杰，跟我倒班的人，假期要回家，正在找人接他的工作，如果你没事不如做做看。
浩杰	每天工作几个小时？报酬多少？
民秀	下午两点到八点，六个小时，每小时四千块。
浩杰	上午做家教，下午打短工，行。
民秀	那就这么说定了，明天来上班。

夜班	yèbān	야근
吃得消	chīdexiāo	소화해 낼 수 있다, 버틸 수 있다
棒	bàng	뛰어나다, 강하다
凭	píng	~에 근거하다, 의거하다
家境	jiājìng	집안 형편
用得着	yòngdezháo	필요로 하다, 필요있다
伸	shēn	내밀다, 펼치다
勤工俭学	qíngōngjiǎnxué	일하면서 공부하다, 고학하다
挣	zhèng	벌다
经费	jīngfèi	경비
倒班	dǎobān	(작업을)교대하다, 번갈다
报酬	bàochou	보수, 사례금
家教	jiājiào	가정교사
打短工	dǎduǎngōng	임시로 아르바이트하다

情景 2

素英　要不是因为生活费，我真不想做这个家教了。

爱华　怎么了，不是做得挺好的吗？费用给的也蛮高的[4]。

素英　嗨，我真是左右为难。

爱华　怎么了？

素英　我看这家的家境也不是很宽裕，可是家教请了好几个，汉语、英文、美术…… 好象有三四个吧。

爱华　一个愿打一个愿挨[5]，人家能负担得起，你担心什么？

素英　但是孩子真的好可怜。学校作业就够累了，再加上辅导，这不是花钱给孩子买罪受吗[6]？

爱华　只要孩子消化得了不就行了吗？

素英　别提了，辅导时孩子已经累得精疲力尽，精神也不集中。我又不忍心说他们[7]。原本该天真烂漫，无忧无虑的孩子，却被大人们的欲望困在书本前，失去了他们的快乐。

爱华　可怜天下父母心[8]，谁不希望儿女出人头地呀！

生 词

蛮	mán	아주, 매우
左右为难	zuǒyòuwéinán	이러지도 저러지도 못하다, 진퇴양난
宽裕	kuānyù	넉넉하다, 여유롭다
可怜	kělián	불쌍하다
消化	xiāohuà	소화하다
精疲力尽	jīngpílìjìn	기진맥진하다
精神	jīngshén	정신
原本	yuánběn	원래
天真	tiānzhēn	천진하다
烂漫	lànmàn	천진난만하다
无忧无虑	wúyōuwúlǜ	아무런 근심 걱정이 없다
欲望	yùwàng	욕망
困	kùn	가두다, 포위하다
快乐	kuàilè	즐겁다, 즐거움
出人头地	chūréntóudì	남보다 뛰어나다

词语搭配与扩展

1 旅游

- ～＋동사　～开始了 / ～完成了 / ～结束了
- ～＋형용사　～(很)好 / ～顺利 / ～得(很)高兴 / ～得轻松愉快
- ～＋수량사　～一次 / ～一趟 / ～了三天 / ～了一年
- 동사＋～　开始～ / 建议～ / 喜欢～ / 反对～
- 형용사＋～　快乐地～ / 轻松地～ / 秘密地～ / 短期地～
- ～＋명사　～事业 / ～活动 / ～的好处 / ～团

2 负担

1) 动词

- 명사＋～　国家～ / 社会～ / 个人～
- ～＋명사　～(这项)工作 / ～(这个)责任 / ～学费 / ～孩子
- ～＋동사　～吃穿 / ～教育 / ～抚养
- ～＋형용사　～得合理 / ～得公平 / ～得艰难
- ～＋수량사　～一下儿 / ～了十几年 / ～一次
- 동사＋～　劝说～ / 希望～ / 继续～ / 害怕～
- 형용사＋～　主动地～ / 完全～ / 全部～ / 永远～

2) 名词

- ～＋동사　～增加 / ～减少 / ～取消
- ～＋형용사　～大 / ～多 / ～重 / ～轻
- 동사＋～　增加～ / 减轻～ / 加重～ / 取消～
- 명사＋～　国家的～ / 家庭的～ / 工作～ / 生活～
- 수량사＋～　一种～ / 一个～ / 一项～

- ～ + 명사　　～的名目 / ～的名称 / ～的责任

3 希望

1) 动词

- 명사 + ～　　老人～ / 干部～ / 中央～ / 公司～
- ～ + 동사　　～完成 / ～联合 / ～经营 / ～毕业
- ～ + 형용사　　～(生活)愉快 / ～(祖国)富强 / ～得热烈 / ～得诚恳
- 형용사 + ～　　迫切地～ / 衷心地～ / 由衷地～

2) 名词

- ～ + 동사　　～出现了 / ～增加了 / ～断绝了 / ～变小了
- ～ + 형용사　　～(很)小 / ～(很)大
- 동사 + ～　　抱着～ / 满怀～ / 升起～ / 留下～
- 명사 + ～　　母亲的～ / 领导的～ / 顾客的～
- 형용사 + ～　　美好的～ / 新的～ / 唯一的～ / 全部的～ / 共同的～
- 수량사 + ～　　一丝～ / 一线～ / 一种～

注 释

1 我身体棒着呢

‘着呢’는 형용사 뒤에 쓰여 어떤 성질이나 상태에 대한 긍정, 강조, 과장의 어기을 나타낸다. 형용사 다음에 ‘着呢’를 붙인 뒤에는 정도부사나 정도를 나타내는 보어를 쓸 수 없음에 주의해야 한다.

1) 他们俩好着呢。
2) 这条路难走着呢。
3) 他的钱多着呢。

2 真服了你了

‘服’는 ‘탄복하다’, ‘복종하다’, ‘지다’ 등의 의미를 지니는데, 주로 ‘服+了+탄복의 대상’의 형식으로 쓰인다.

1) 她干得那么好，我算服了她了。
2) 看完这封信后，如果不流泪，我服了你。
3) 这次我真服了你了。

3 有志者事竟成

‘뜻만 있으면 일은 반드시 성취된다’, ‘하려고만 들면 못해 낼 일이 없다’, ‘뜻이 있는 곳에 길이 있다’ 등의 의미를 나타내다.

4 费用给的也蛮高的

'蛮'은 형용사 앞에 쓰여 정도가 아주 높음을 나타내는데, 어기조사 '的'와 종종 같이 쓰인다. 원래는 남방지역 방언이지만 요즘은 널리 쓰이고 있다.

1) 工资蛮高的。
2) 这东西蛮好。
3) 今天的天空蛮漂亮的。

5 一个愿打一个愿挨

'한 사람은 자진해서 때리고, 한 사람은 자진해서 맞는다'라는 뜻으로, 양쪽이 다 원한다면, 다른 사람은 간섭할 필요가 없음을 비유하는 속담이다. '삼국지에서 오(吴)나라 주유(周瑜)가 위(魏)의 조조(曹操)를 속이기 위한 고육책으로 부하 장수인 황개(黄盖)를 일부러 때렸다는 이야기에서 만들어졌다. 그래서 앞에 '周瑜打黄盖'란 말을 붙이기도 한다.

6 这不是花钱给孩子买罪受吗？

'花钱买罪受'는 '돈을 쓰고 도리어 고생하다', '사서 고생하다'라는 의미이다. 비슷한 표현으로 '贴钱买罪受', '自找苦吃', '自讨苦吃' 등이 있다.

7 我又不忍心说他们

'忍心'은 '모질게 마음먹고 ~하다'라는 의미인데, 보통 부정이나 반어문의 형태로 쓰여서 '모질게 ~하지 못하다'의 의미로 쓰인다.

1) 我不忍心拒绝他们的要求。
2) 我怎么忍心离开你呢?

8 可怜天下父母心

'애처로운 세상 부모들의 마음'이란 뜻으로, 자식을 아끼고 사랑하며 항상 노심초사하는 부모의 마음을 나타낼 때 쓰인다.

练 习

1. 用正确的语调读出下面的句子：

❶ 放心好了，我身体棒着呢。

❷ 真服了你了。

❸ 怎么了，不是做得挺好的吗？

❹ 嗨，我真是左右为难。

❺ 这不是花钱给孩子买罪受吗?

❻ 可怜天下父母心，谁不希望儿女出人头地呀!

2. 替换划线部分的词语：

❶ 凭你的家境用得着打工吗？

没多少活儿了　　　那么多人

一点小事　　　　　那么紧张

❷ 我打算暑假去欧洲旅游。

寒假去中国留学

明年开始学日语。

❸ 要不是因为生活费，我真不想做这个家教了。

学费　　　　　　打工

工作　　　　　　再跟他见面

❹ 我又不忍心说他们。

他　　　　拒绝他哥哥的要求

我实在　　让你独自站在那儿

3. 请你说说：

❶ 你打过工吗？为什么打工？打过什么工？
❷ 韩国大学生放假都打什么样的工？
❸ 中国大学生也打工吗？一般打什么工？
❹ 在韩国家教容易找吗？家教费大概多少？

第 15 课

节日

情景 1

浩杰　你看新闻了吗？南下的高速公路上车堵得可厉害了，从首尔到釜山要用十八个小时。

民秀　是啊，民宇刚才打来电话说他还在路上呢。

浩杰　一到中秋节、春节都要这么折腾一下，等节过完了，人也累得半死，不知图个什么[1]？

民秀　图团圆，“每逢佳节倍思亲”嘛[2]。中秋月圆之夜是团圆的节日，所以大家争先恐后地往家乡赶，跟父母兄弟团聚，给祖先祭祀、扫墓。

浩杰　在韩国中秋节吃什么？

民秀　松糕，中国是怎样过中秋的？

浩杰　在中国中秋节不休息，白天照常上学上班，晚上一家人一起吃团圆饭[3]。

民秀　那在异乡的亲人呢？

浩杰　大家只能坐在月下，吃着月饼，借明月遥寄思乡之情。“举头望明月，低头思故乡”[4]。

民秀　你还挺诗意的呢，想家了吧？

浩杰　心里不是滋味儿[5]，出远门的人，看到圆圆的中秋明月，就会想念家里的人。

生 词

南下	nánxià	남쪽으로 나아가다
首尔	Shǒu'ěr	서울(지명)
釜山	Fǔshān	부산(지명)
折腾	zhēteng	고생하다
图	tú	꾀하다, 바라다
团圆	tuányuán	가족이 다시 모이다, 온 가족이 단란하게 지내다
逢	féng	～한 때가 되다, 만나다
争先恐后	zhēngxiānkǒnghòu	앞을 다투다
团聚	tuánjù	한자리에 모이다
祭祀	jìsì	제사 지내다
扫墓	sǎomù	성묘하다
松糕	sōnggāo	송편
照常	zhàocháng	평소대로
异乡	yìxiāng	타향
遥寄	yáojì	먼 곳에서 보내다, 그리워하다
诗意	shīyì	시적이다, 시적인 정취
滋味儿	zīwèir	맛, 기분, 심정

情景 2

爱华　又要长一岁了。时间像流水一样，无情啊！

素英　怎么这么伤感？走，咱们出去逛逛。

爱华　逛什么[6]！都关门回家过年去了，大街上冷冷清清的[7]。
真想回家，想那张灯结彩、热热闹闹的气氛。

素英　你们为什么把过年叫做春节？

爱华　因为过了年，就是春天了。春节在农村特别热闹，讲究也特别多。
门上贴对联，窗上贴窗花[8]，大家祈愿新的一年能够丰收。
春节已经有几千年的历史了，但有了许多变化。

素英　什么变化？

爱华　以前，着重于吃，大鱼大肉。尤其是鱼，家家户户不可少，表示年年有余。现在，当然也要吃，但是更着重于文化娱乐了，比如送书，旅游什么的。

素英　那还留有什么传统的讲究吗？

爱华　有，比如合家团聚、走亲访友、拜年、给孩子压岁钱等。

素英　爱华，快准备一下，去我家过年吧，让你体验一下韩国春节的过法。

生词

无情	wúqíng	무정하다
伤感	shānggǎn	감상적이다, 슬픔에 잠기다
过年	guònián	설을 쇠다
张灯结彩	zhāngdēngjiécǎi	초롱을 달고 오색천으로 장식하다
气氛	qìfēn	분위기
对联	duìlián	대련
讲究	jiǎngjiu	중히 여기다, 신경 쓰다
窗花	chuānghuā	창 장식 꽃종이
祈愿	qíyuàn	기원하다
丰收	fēngshōu	풍작을 이루다
着重于	zhuózhòngyú	~에 중점을 두다
留有	liúyǒu	남아 있다, 보존하다
合家	héjiā	전 가족
走亲访友	zǒuqīnfǎngyǒu	친척과 친구를 방문하다
拜年	bàinián	새해 인사 하다, 세배하다
压岁钱	yāsuìqián	세뱃돈
体验	tǐyàn	체험하다

词语搭配与扩展

1 团聚

- 명사 + ～　　全家～ / 家人～ / 同胞～ / (许多)人～(在一起)
- ～ + 형용사　　～得好 / ～的愉快 / ～得及时 / ～得快乐 / ～得慢 / ～得迅速 /～得快
- ～ + 수량사　　～一下 / ～两次 / ～半天 / ～一阵 /
- 동사 + ～　　想～ / 打算～ / 盼望～ / 争取～ / 需要～
- 형용사 + ～　　偶然～ / 高兴地～ / 公开～ / 及时地～
- ～ + 명사　　～了(一些)工人 / ～了(不少)学生 / ～了(许多)人

2 滋味

- ～ + 동사　　～(不)变 / ～出来了 / ～尝到了 / ～难受
- ～ + 형용사　　～(很)浓 / ～不错 / ～鲜美 / ～(更)香了
- 동사 + ～　　产生～ / 尝～ / 说不出～ / 缺少～ / 了解(爱的)～
- 명사 + ～　　食品的～ / 战争的～ / 外国的～ / 爱情的～
- 수량사 + ～　　一个～ / 一种～ / 一股～ / 一番～
- ～ + 명사　　～的特点 / ～的性质 / ～的吸引力 / ～的种类

3 讲究

1) 动词

- 명사 + ～　　医生～(卫生) / 姑娘～(衣着) / 衣服～(款式)
- 동사 + ～　　需要～ / 爱～ / 用不着～ / 开始～起来了
- ～ + 명사　　～效果 / ～信用 / ～面子 / ～艺术
- ～ + 동사　　～享受 / ～吃喝 / ～打扮 / ～节约

- ～＋형용사　～实惠 / ～耐用 / ～准确 / ～精确
- 형용사＋～　过分～ / 确实～ / 普遍～

2) 形容词

- 명사＋～　衣着(很)～ / 饭菜～ / 文字～ / 灯具～
- 동사＋～　布置得～ / 穿得～ / 制作得～ / 设计得～

4 变化

1) 动词

- 명사＋～　大自然～ / 社会～ / 思想～ / 物价～ / 语言～
- ～＋형용사　～得快 / ～得早 / ～得迅速 / ～得剧烈
- ～＋명사　～的原因 / ～的趋势 / ～的程度 / ～的结果

2) 名词

- ～＋동사　～发生了 / ～形成了 / ～结束了
- 동사＋～　扩大～ / 加强～ / 进行～ / 希望～ / 理解～ / 带来～
- 명사＋～　思想的～ / 形式的～ / 脸色的～ / 时间的～
- 형용사＋～　巨大的～ / 明显的～ / 简单的～ / 长久的～
- ～＋명사　～的情形 / ～的情况 / ～的局势

注 释

1 人也累得半死，不知图个什么？

목적어를 지니는 동사 뒤에 쓰여 '个'가 쓰여 진행되는 동작의 양이 적거나 가벼운 어감을 나타낸다.

1) 他就爱画个画儿，写个字儿什么的。
2) 有个差错怎么办？
3) 洗个澡，睡个觉，休息休息。

2 每逢佳节倍思亲

'명절 때가 되면 부모에 대한 그리움이 더해진다'라는 뜻이다.

3 晚上一家人一起吃团圆饭

추석 때 온 가족이 한데 모여서 먹는 밥을 '团圆饭'이라 한다.

4 举头望明月，低头思故乡

중국 최고의 시인 이백(李白)이 지은 '静夜思'의 한 부분이다. '静夜思'의 내용이 다음과 같다.

床前明月光，	침상 앞 밝은 달 비치니
疑是地上霜。	땅 위에 서린 내린 듯하다.
举头望明月，	고개를 들어 달을 보고,
低头思故乡。	고개를 숙여 고향을 그리워한다.

5 心里不是滋味儿

‘滋味’은 ‘맛, 기분, 심정’등의 의미를 나타내는데, 앞에 ‘不是’가 붙어 ‘不是滋味’이라고 하면 ‘기분이 좋지 않다, 언짢다’라는 의미를 나타낸다.

1) 听到这些话, 我心里不是滋味儿。
2) 我有时觉得自己的能力太低时, 我心里更不是滋味儿。
3) 我喜欢她, 可是她不喜欢我, 我心理有点儿不是滋味儿。

6 逛什么, 都关门回家过年去了

‘什么’를 써서 상대방의 말에 동의하지 않거나, 불만을 나타내기도 한다.

1) 看什么电视, 还不快做功课。
2) 嚷什么! 大家都睡了。
3) 还散什么步啊, 你看看都几点了。

7 大街上冷冷清清的

중첩된 낱말이나 성어(成语) 형식의 낱말 뒤에 붙어 문장을 마무리하는 어감을 부여하면서 또한 어떠한 상황이나 상태를 강조하기도 한다.

1) 他把钱花得干干净净的。
2) 现在兵荒马乱的。
3) 老师写得很清楚的。

8 门上贴对联, 窗上贴窗花

‘对联’은 종이에 적거나 대나무, 나무 등에 새긴 한 쌍의 대구(对句)의 글귀를 가리킨다. 특히 설날에 쓰는 ‘对联’을 ‘春联’이라고 한다. ‘窗花’는 주로 창문 장식에 사용하는 가위로 오린 종이를 가리킨다.

练 习

1. 用正确的语调读出下面的句子：

❶ 图团圆,“每逢佳节倍思亲”嘛。
❷ 你还挺诗意的呢,想家了吧?
❸ 举头望明月,低头思故乡。
❹ 心里不是滋味儿,出远门的人,看到圆圆的中秋明月,就会想念家里的人。
❺ 又要长一岁了。时间像流水一样,无情啊!
❻ 逛什么!都关门回家过年去了,大街上冷冷清清的。

2. 替换划线部分的词语：

❶ <u>南下的高速公路上车堵</u>得可厉害了。
他疼
这几天冷

❷ 从<u>首尔</u>到<u>釜山</u>要用<u>十八个小时</u>。
首尔　北京　一个半小时
初级　高级　两年

❸ <u>逛</u>什么！<u>都关门回家过年去了</u>。
笑　一点儿也没意思
哭　都是你的错误

❹ 大家祈愿新的一年<u>能够丰收</u>。
一切顺利
心想事成

3. 请你说说：

❶ 介绍韩国的传统节日和主要的活动。

❷ 你最喜欢的节日是哪一个？为什么？

❸ 离现在最近的节日是什么节日？你打算怎么过？

第 16 课

准备考试

情景 1

(图书馆阅览室)

民秀 (窃窃私语)喂, 浩杰, 别睡了, 咱们出去喝杯咖啡提提神儿吧[1]。

浩杰 知道了。

(图书馆休息室)

浩杰 (伸懒腰)啊, 困死了, 这几天真想消失。

民秀 再挺几天就过去了, 你这次考几门？

浩杰 八门。你这学期怎么这么拼命？ 这可跟你以前的作风大大不同了[2]。

民秀 我打算这个学期拿奖学金。实话跟你说, 爸爸的公司裁员, 爸爸也因此失去了从事一生的工作, 现在正在寻找新的工作岗位。

妈妈是家庭主妇, 没有收入, 所以现在家里开销很紧。

作为长子, 我不能再像以前那样没有计划地生活了。

浩杰 原来如此。情况会好起来的。复习得怎么样了？

民秀 专业课不成问题, 选修课比较难。有一门是作业代替期末考试, 量特别大[3], 让人措手不及。

浩杰 别着急, 一样一样来[4]。奖学金申请了吗？

民秀 今天刚把申请表交到系办公室了, 也不知道有没有希望。

浩杰 "尽人事, 听天命" 吧[5]。加油!

生词

阅览室	yuèlǎnshì	열람실
窃窃私语	qièqièsīyǔ	귓속말로 속삭이다
提神儿	tíshénr	기운 내다, 정신을 가다듬다
懒腰	lǎnyāo	피로한 허리, 나른한 허리
消失	xiāoshī	사라지다, 없어지다
挺	tǐng	참다, 견디다
门	mén	과목(수업, 학문 등에 쓰이는 양사)
作风	zuòfēng	(생활, 일 등의)태도, 기풍
奖学金	jiǎngxuéjīn	장학금
实话	shíhuà	진실된 말, 정말
裁员	cáiyuán	감원하다
从事	cóngshì	종사하다
寻找	xúnzhǎo	찾다
岗位	gǎngwèi	직책, 자리, 직장
开销	kāixiāo	지출, 비용
选修课	xuǎnxiūkè	선택과목
措手不及	cuòshǒubùjí	어찌할 바를 몰라 당황하다

情景 2

(学校食堂)

素英　气死我了!

爱华　怎么了，谁惹你了？

素英　刚才的古汉语课上，因为有两个同学交的作业一模一样，老师非常生气，让我们全班都重写。
这作业特别难。因为一个人，害得咱们全班都跟着倒霉。

爱华　咳，一条泥鳅腥了一锅汤[6]。

素英　你说作弊哪儿有这么做的，整篇文章一个字也不改，就把字体改了一下。他把老师看成什么了？

爱华　我看老师也不是冲他一个人来的，杀鸡给猴看[7]，他是让那些东拼西凑写作业的学生以后注意一下，做作业不要敷衍了事，所以这次作业不算，让全班都重写。

素英　真讨厌，周末的计划全泡汤了。

爱华　别发牢骚了，已经这样了，反正早晚都得交，还不如早写完的好。

素英　这篇就已经让我绞尽了脑汁儿，还怎么写呀!

爱华　别生气了，气大伤身。吃完饭，到图书馆去找找资料吧。

素英　(无可奈何地耸耸肩) 只能如此了。

生 词

惹	rě	(상대의)기분이나 감정을 건드리다
生气	shēngqì	화내다
害得	hàide	~되게 하다
倒霉	dǎoméi	재수 없다, 재수 없는 일을 당하다
泥鳅	níqiu	미꾸라지
腥	xīng	비린내 나다, 비리다
作弊	zuòbì	부정행위를 하다
冲	chòng	향하다, 향해서
东拼西凑	dōngpīnxīcòu	여기저기서 긁어모으다
敷衍了事	fūyǎnliǎoshì	일을 적당히 마무리하다
讨厌	tǎoyàn	싫다, 귀찮다
泡汤	pàotāng	허사가 되다, 물거품이 되다
绞尽	jiǎojìn	완전히 죄어 짜다
资料	zīliào	자료
无可奈何	wúkěnàihé	어찌 할 도리가 없다
耸肩	sǒngjiān	어깨를 약간 으쓱하다

词语搭配与扩展

1 从事

- ～＋명사　～(革命)事业 / ～商业 / ～(教学)工作 / ～活动 / ～劳动
- ～＋동사　～侦察 / ～抗战 / ～设计 / ～写作
- 동사＋～　打算～ / 反对～ / 立志～ / 发誓～
- 형용사＋～　专门～ / 长期～ / 认真～ / 高兴地～ / 热心～

2 计划

1) 名词

- ～＋동사　～拟定了 / ～通过了 / ～完成了 / ～改变了
- ～＋형용사　～周到 / ～合理 / ～具体 / ～巧妙
- 동사＋～　提出～ / 讨论～ / 执行～ / 实行～
- 명사＋～　国家的～ / 教育～ / 长期～ / 工作～
- 형용사＋～　全面的～ / 整个～ / 周密的～ / 阴险的～ / 卑鄙的～
- ～＋명사　～观念 / ～部门 / ～的要点 / ～的内容
- 수량사＋～　一个～ / 一项～ / 一种～

2) 动词

- 명사＋～　同志们(正在)～ / 领导～(好了) / (这件)事情～(好了)
- ～＋명사　～(这件)事情 / ～(这个)问题 / ～(这个)方面
- ～＋동사　～去 / ～参加 / ～秋收 / ～扩大 / ～改建 /
- ～＋형용사　～得周到 / ～得具体 / ～的妥当 / ～得详细
- ～＋수량사　～一下 / ～过一次
- 동사＋～　需要～ / 用不着～ / 加以～ / 缺乏～

3 报告

1) 动词

- 명사 + ～　战士(向连长)～ / (这点)绿意～(了春天的消息)
- ～ + 명사　～消息 / ～情况 / ～成绩 / ～政府 / ～校长
- 형용사 + ～　详细地～ / 明确地～ / 主动地～ / 公开地～
- ～ + 수량사　～一下 / ～一遍 / ～了半天 / ～一下午
- ～ + 명사　～的内容 / 的效果 / ～的地点 / ～的对象

2) 名词

- 동사 + ～　抄写～ / 起草～ / 听～ / 进行～ / 看～
- 명사 + ～　专题～ / 书面～ / 单位的～ / 领导的～ / 星期天的～
- 형용사 + ～　重要～ / 全面的～ / 精彩的～ / 错误的～ / 简单的～
- 수량사 + ～　一个～ / 一种～ / 一次～
- ～ + 명사　～的重点 / ～的中心 / ～的材料

4 倒霉

- 명사 + ～　群众～ / 农民～ / (提意见的)人～ / 老百姓～
- 동사 + ～　开始～ / 找～ / 遇到～ / 担心～ / 觉得～
- ～ + 형용사　～透了 / ～透顶 / ～得厉害 / ～得惊人
- 형용사 + ～　确实～ / 彻底～ / 容易～ / 全部～
- ～ + 명사　～的事 / ～的时候 / ～的婚姻 / ～的群众

注 释

① 咱们出去喝杯咖啡提提神儿吧

동사와 목적어 사이에 수사 없이 양사만 쓰이면 동작의 양이 적거나 가벼운 어감을 나타낸다.

1) 今天晚上喝杯酒吧。
2) 麻烦您, 帮我们拍张照好吗？
3) 咱们一起合张影。

② 这可跟你以前的作风大大不同了

'可'가 일반 진술문에 쓰여 약간 의외라는 어기를 나타낸다.

1) 这一问可把我给问住了。
2) 这问题可不简单, 得好好儿研究一下。

'可'는 감탄문에 쓰여 정도를 한층 강하게 나타내기도 하고, 명령문에 쓰여 반드시 그러해야함을 강조하기도 한다.

3) 你可不能粗心大意啊!
4) 他汉语说得可好了。

③ 量特别大, 让人措手不及

'大'는 '체적이나 면적이 크다'라는 뜻 외에도, '수량이 많다', '힘, 정도, 강도 등이 세다', '중요하다' 등의 의미도 지니다.

1) 外面风很大。
2) 昨天晚上下了场大雨。
3) 工夫不大，他就办完事了。
4) 他酒量很大。
5) 他比我大两岁。

4 别着急，一样一样来

수량구가 동사 앞에 쓰여 부사어가 되면 일반적으로 동작의 방식을 나타내는데, '~씩 이어서 ~씩'의 의미를 나타낸다.

1) 孩子们排着队，两个两个地走进教室。
2) 她把糖水一勺一勺地喂给老大娘喝。

수량구가 명사를 수식할 때는 많음을 나타낸다.

3) 桌子上摆着一盘一盘的水果。
4) 院子里堆着一堆一堆的柴火。

5 尽人事，听天命

'사람이 할 수 있는 바를 다하고, 하늘의 명을 기다린다'라는 뜻이다. '尽人事，待天命'이라고도 한다.

6 一条泥鳅腥了一锅汤

직역을 하면 '미꾸라지 한 마리가 온 솥의 국물을 비리게 한다'라는 뜻인데, 우리말의 '미꾸라지 한 마리가 온 웅덩이를 흐린다'라는 속담에 해당한다.

7 杀鸡给猴看

‘닭을 죽여 원숭이에게 보여주다’라는 뜻으로, 한 사람을 벌하여 다른 사람을 겁주거나 주의를 주는 것을 비유할 때 쓰인다. ‘杀鸡吓猴’라고도 한다.

练习

1. 用正确的语调读出下面的句子:

❶ 啊，困死了，这几天真想消失。
❷ “尽人力，听天命”吧。加油!
❸ 气死我了!
❹ 咳，一条泥鳅腥了一锅汤。
❺ 你说作弊哪儿有这么作的?
❻ 真讨厌，周末的计划全泡汤了。

2. 替换划线部分的词语:

❶ 啊，困死了，这几天真想消失。
累　　能睡觉该多好啊
饿　　快去吃饭吧

❷ 作为长子，我不能再像以前那样没有计划地生活了。
教师　一定要平易近人
父亲　最能让人接受的品质是奉献自己和保护孩子

❸ 今天刚把申请表交到系办公室了。
作业　　林老师那儿
报告　　学校

❹ 他把老师看成什么了?
你　我
她　你

3. 请你说说:

❶ 谈谈你对考试作弊的看法。

❷ 你觉得考好汉语口试的秘诀是什么?

❸ 你参加过汉语水平考试吗? 有哪些题型? 得了几级?

第 17 课

异性交往

情景 1

素英　浩杰，你为什么最近总是不来参加社团活动。

民秀　他刚认识了一个女朋友，忙拍拖还忙不过来呢[1,2]，哪有时间参加什么活动。

浩杰　你别拿我开玩笑了，好多事儿都赶到一块儿，所以一直抽不出身来。

素英　新交了个女朋友？怎么认识的？是介绍的？

浩杰　不是，我们是在网上认识的。

素英　什么？不会吧？

浩杰　真的，我们在网上聊天儿时认识的，越谈越投机，就见了面。

民秀　我听说，见面后会很失望，就是说见面后的感觉和想象的有很多不同。

浩杰　我们不但一见如故，而且一见钟情。

更让人吃惊的是她的学校就在我们学校旁边。

素英　你们可真有缘分。真是有缘千里来相会，无缘对面不相识。

浩杰　我跟女朋友约好一会儿去看电影[3]，我先走了。

素英　都挺忙的，就咱们俩闲着。你怎么不处个女朋友？

民秀　我可不想那么早就给自己上一个枷锁，我要尽情地享受单身的自由。

不能因为一棵树而放弃整片森林。

生词

社团	shètuán	동아리, 단체
拍拖	pāituō	데이트하다
抽身	chōushēn	(일 등에서) 벗어나다, 몸을 빼다
赶	gǎn	(일 등이) 겹치다, 몰리다
越～越～	yuè～yuè～	～하면 할수록 ～하다
投机	tóujī	마음이 맞다, 의기투합하다
一见如故	yíjiànrúgù	처음만나 옛 친구처럼 친해지다
一见钟情	yíjiànzhōngqíng	첫 눈에 반하다
吃惊	chījīng	놀라다
缘分	yuánfèn	인연, 연분
相会	xiānghuì	만나다
相识	xiāngshí	서로 알다
处	chǔ	사귀다
枷锁	jiāsuǒ	족쇄
尽情	jìnqíng	마음껏 하다, 실컷 ～를 하다
享受	xiǎngshòu	향유하다, 즐기다

情景 2

民秀　浩杰，怎么了？脸色这么难看，好象瘦了。
浩杰　能陪我去喝一杯吗？
民秀　好，去扎啤屋吧！

（扎啤屋）

民秀　你最近怎么了？整天没精打采的。
浩杰　我跟女朋友分手了。让人给踹了。
民秀　你们不是很相爱吗？
浩杰　她有了新的男朋友。
民秀　她怎么可以这样？
浩杰　那人论文凭、论家庭条件、论长相都比我强[4]。
民秀　但是这些代替不了爱情。
浩杰　可是现在有些人把门当户对看得比什么都重要，在有些人眼里爱情一文不值。
民秀　真可气，嗨，浩杰，这种人不值得你去爱[5]，更不值得你这么为她神不守舍的。
浩杰　我也知道，但是我对她付出了我的真情，忽然分手，心里空空荡荡的，不知该做什么好，吃不香睡不着的。民秀，喝。
民秀　浩杰，抽刀断水水更流，举杯销愁愁更愁[6]。喝酒不是办法。时间是最好的良药，把精力放在别的事情上，就会好一点儿的。

生 词

扎啤屋	zhāpíwū	생맥주집
没精打采	méijīngdǎcǎi	기운이 없다, 풀이 죽다
踹	chuài	(발로)차다, 걷어차다
论	lùn	따지다, 평가하여 결정하다
文凭	wénpíng	졸업장
长相	zhǎngxiàng	외모, 생김새
门当户对	méndānghùduì	(혼담에서)두 집안이 서로 걸맞다
一文不值	yìwénbùzhí	한 푼의 가치도 없다
值得	zhíde	～할 만한 가치가 있다
神不守舍	shénbùshǒushè	정신이 나가다
付出	fùchū	바치다, 지출하다
真情	zhēnqíng	진심
忽然	hūrán	갑자기
空荡	kōngdàng	텅 비다, 허전하다
销	xiāo	없애다, 제거하다
良药	liángyào	좋은 약
精力	jīnglì	정력

词语搭配与扩展

1 活动

1) 名词

- ～＋동사　～开始 / ～减少 / ～取消了 / ～停止
- ～＋형용사　～(太)多 / ～罕见 / ～迟缓 / ～奇怪 / ～没用 / ～安全
- 동사＋～　组织～ / 举行～ / 参加～ / 关心～ / 重视～ / 宣传～
- 명사＋～　商人的～ / 单位的～ / 假期～ / 春节～ / 学术～ / 家里的～
- 수량사＋～　一个～ / 一些～ / 一类～ / (这)场～ / 半天的～
- ～＋명사　～的内容 / ～的计划 / ～的范围 / ～的步骤 / ～的特点

2) 动词

- 명사＋～　孩子们(都)～ / 特务(在)～ / (每个)部门(都在)～ / 手脚～了 / 大脑(紧张地)～ / 桌子～了 / 钉子～了
- ～＋형용사　～得快 / ～得频繁 / ～得正常 / ～得自然 / ～得艰苦
- ～＋수량사　～一下 / ～一次 / ～一场 / ～几分中
- 동사＋～　打算～ / 加强～ / 讲究～ / 控制～ / 期待～
- 형용사＋～　大胆地～ / 高兴地～ / 安全地～ / 秘密～

2 认识

1) 动词

- 명사＋～　老师～(你) / 同志们(互相)～ / 路～了
- ～＋명사　～汉字 / ～字母 / ～现实 / ～缺点 / ～邻居 / ～蔬菜
- ～＋형용사　～得清楚 / ～得深刻 / ～得多 / ～得快
- ～＋수량사　～一次 / ～一回 / ～一遍
- 동사＋～　希望～ / 估计～ / 保证～ / 开始～
- 명사＋～　昨天～ / 最初～ / 现在～

2) 名词

- ～＋동사　～加深了 / ～提高了
- ～＋형용사　～(很)准确 / ～全面 / ～模糊 / ～完美
- 동사＋～　提高～ / 巩固～ / 获得～ / 争取～ / 理解(这种)～ / 缺乏～
- 형용사＋～　正确的～ / 深刻的～ / 具体的～ / 主观的～ / 相反的～
- ～＋명사　～的内容 / ～的水平 / ～的缺点

3 自由

1) 名词

- ～＋동사　～实现了 / ～失去了 / ～受到(保护)
- ～＋형용사　～(十分)宝贵 / ～重要 / ～(不)少
- 동사＋～　需要～ / 维护～ / 剥夺～ / 强调～ / 追求～
- 명사＋～　人的～ / 对方的～ / 言论的～ / 学术的～
- 형용사＋～　大的～ / 充分的～ / 相同的～ / 相对的～
- 수량사＋～　一个～ / 一种～ / 一点儿～
- ～＋명사　～的意义 / ～的保障 / ～的限度 / ～的旗帜 / ～的代价

2) 形容词

- 명사＋～　公民～ / 行动～ / 行为～
- 동사＋～　要求～ / 允许～ / 缺少～ / 显得～ / 羡慕～
- ～＋형용사　～乱了 / ～得多 / ～得不得了 / ～得可怕
- ～＋명사　～的人 / ～的社会 / ～的地方 / ～的工作 / ～的语言
- ～＋동사　～地奔驰 / ～地活动 / ～地运用 / ～地参加 / ～地投稿

注 释

1 忙拍拖还忙不过来呢

'过来'는 동사 뒤에 쓰여 시간, 능력, 수량 등이 충분함을 나타내는데, 주로 '得'나 '不'와 함께 쓰인다.

1) 活儿不多, 我一个人干得过来。
2) 这么多功课, 复习不过来。
3) 这几天我忙不过来。

동사 뒤에 쓰이는 '过来'는 그 외에도 원래의 정상적인 상태로 돌아옴을 나타내기도 한다.

4) 他把毛病改过来了。
5) 人们这才明白过来了。

2 忙拍拖还忙不过来呢

'忙'은 '바쁘다'라는 뜻 이외에도, 뒤에 목적어를 지녀 '바빠 ~하다', '~하느라 바쁘다'라는 뜻으로 쓰이기도 한다.

1) 你忙什么呢?
2) 你忙你的吧。
3) 我忙着回家。

3 我跟女朋友约好一会儿去看电影

동사 뒤에 쓰이는 '好'는 동작이 완성되었거나 잘 마무리되었음을 나타낸다.

1) 功课准备好了。
2) 饭已经做好了。
3) 同学们坐好，现在上课了。

4 那人论文凭、论家庭条件、论长相都比我强

'强'은 '강하다'라는 뜻 외에도, 주로 비교문에서 '우월하다', '좋다'의 의미를 나타내기도 한다.

1) 我们的劳动条件一年比一年强。
2) 他的成绩比我强多了。
3) 他的汉语比你强。

5 这种人不值得你去爱

'去'가 다른 동사 앞에서 쓰여 '적극적으로 ~을 하려고 하다'라는 어기를 나타낸다.

1) 大家快去想办法。
2) 你们去考虑考虑。

6 抽刀断水水更流，举杯销愁愁更愁

당나라 시인 이백(李白)이 지은 '宣州谢眺楼饯别校书叔云' 라는 시에 나오는 구절로써, '칼을 빼들어 물을 막으려 하나 그 흐르는 물들은 오히려 더 잘 흐르고, 술을 마셔 근심을 없애려하나 그 근심들은 더해만 가네'라는 뜻인데, 술을 마셔도 문제가 해결되지 않음을 나타낸다.

练 习

1. 用正确的语调读出下面的句子：

❶ 他刚认识了一个女朋友，忙拍拖还忙不过来呢，哪有时间参加什么活动。
❷ 什么？ 不会吧？
❸ 我可不想那么早就给自己上一个枷锁，我要尽情地享受单身的自由。
❹ 浩杰，怎么了？ 脸色这么难看，好象瘦了。
❺ 她怎么可以这样？
❻ 忽然分手，心里空空荡荡的，不知该做什么好，吃不香睡不着的。

2. 替换划线部分的词语：

❶ 哪有时间参加什么活动。
学日语
去中国

❷ 我们不但一见如故，而且一见钟情。
他　自己学习很认真　还能够帮助别人
这商店　价钱便宜　东西也很好

❸ 我跟女朋友约好一会儿去看电影。
下午四点在学校门口见面
下个月去滑雪。

❹ 现在有些人把门当户对看得比什么都重要。
金钱
爱情

3. 请你说说：

❶ 你有男(女)朋友吗? 你们俩怎么认识的?
❷ 你认为最理想的男(女)朋友是什么样的?
❸ 谈谈你的恋爱观。
❹ 谈谈你对涉外婚姻的看法。

第 18 课

观光

情景 1

素英　这就是有名的明洞！欢迎你来到购物的天堂！

爱华　哇，真热闹啊，每天都这么热闹吗？

素英　是呀，平时人来人往，周末更是水泄不通。

爱华　为什么人们都爱到这儿逛街呢？

素英　明洞之所以吸引人，是因为明洞是韩国最大的时装街之一[1]，到这里可以买到最流行的服装。这儿的东西款式新颖，质量上乘。

爱华　价格呢？可以讨价还价吗？

素英　在路摊上买东西时可以讲价，但是明洞的大部分商店都是连锁店和厂家联营店，在这些店里都是明码标价。但是在大型商场购物时可以打折的。

爱华　俗话说"一分钱，一分货"[2]，价钱便宜东西质量不一定好。

素英　那可不见得[3]，如果运气好的话会买到物美价廉的好东西。

爱华　啊！对了！我要买一件大衣和一瓶香水，你看我去哪家商店买好呢？

素英　嗯，看你打算花多少钱买。

爱华　大衣呢，十五万左右，香水呢，不超过十万的。

素英　那我们去乐天百货吧！那儿正在打折促销。

生 词

购物	gòuwù	사다, 구매
天堂	tiāntáng	천국
人来人往	rénláirénwǎng	사람이 끊임없이 왕래하다
水泄不通	shuǐxièbùtōng	몹시 붐비다, 가득 차 있다
时装	shízhuāng	유행복, 뉴패션
款式	kuǎnshì	디자인, 스타일
新颖	xīnyǐng	참신하고 독특하다
上乘	shàngchéng	최상의, 최고의
讨价还价	tǎojiàhuánjià	가격 흥정하다
路摊	lùtān	노점상
讲价	jiǎngjià	가격 흥정하다
连锁店	lián suǒ diàn	체인점
厂家联营店	chǎngjiāliányíngdiàn	공장 직영점
明码标价	míngmǎbiāojià	정찰 가격
不见得	bújiànde	반드시 그런 것은 아니다
运气	yùnqi	운, 운수
乐天	Lètiān	롯데(브랜드명)
促销	cùxiāo	판매를 촉진시키다

情景 2

浩杰 民秀，我对首尔还不太熟悉，哪儿都没去过，你是土生土长的首尔人，帮我介绍介绍。

民秀 周末值得去的地方很多，比如说，六三大厦、乐天游乐场、韩国民俗村、爱宝乐园、首尔大公园等。

浩杰 风景美又好玩的地方是哪儿？

民秀 我推荐你去爱宝乐园。

浩杰 一切开销我付，陪我去看看怎么样？

民秀 恭敬不如从命[4]，我就给你当一次导游。

(爱宝乐园)

民秀 这是爱宝乐园的郁金香庄园，我给你拍一张。

浩杰 在这儿？

民秀 对，就是那个花坛边。

浩杰 民秀，咱们一起合张影。

民秀 那也行，你等一下。(向路过的游人) 麻烦您，帮我们拍张照好吗？

游人 这是傻瓜相机还是[5]……？

民秀 是全自动的，不用调。您只要按快门就可以。

游人 照半身可以吗？照全身的话，后面的背景照不进去。

浩杰 照半身也行。

游人 笑一下，好，一二三，茄～子！(喀嚓[6])

民秀 谢谢您。

游人 这景挺好的，您帮我们也照一张吧。

民秀 没问题，互相帮助嘛。

土生土长	tǔshēngtǔzhǎng	현지에서 나고 자라다
六三大厦	Liùsāndàshà	63빌딩(지명)
乐天游乐场	Lètiānyóulèchǎng	롯데월드(지명)
韩国民俗村	Hánguómínsúcūn	한국민속촌(지명)
爱宝乐园	àibǎolèyuán	에버랜드(지명)
恭敬	gōngjìng	공손하다
从命	cóngmìng	명령에 따르다
导游	dǎoyóu	가이드
郁金香	yùjīnxiāng	튤립
庄园	zhuāngyuán	정원
花坛	huātán	화단
合影	héyǐng	함께 사진 찍다, 단체사진
拍照	pāizhào	사진을 찍다
傻瓜相机	shǎguāxiàngjī	전자동 카메라
调	tiáo	조절하다
快门	kuàimén	(사진기의)셔터
喀嚓	kāchā	찰칵(사진 찍거나 물건이 깨질 때 나는 소리)
景	jǐng	경치, 풍경

词语搭配与扩展

1 热闹

1) 形容词

- 명사+～　城里(很)～ / 大街上(很)～ / 商店里(很)～ / 婚礼(很)～
- 동사+～　显得～ / 感到～ / 喜欢～ / 唱得～ / 跳得(很)～
- 형용사+～　格外～ / 确实～ / 明显地～ / 实在～
- ～+동사　～地唱 / ～地欢呼 / ～地交谈 / ～地叫卖

2) 动词

- 명사+～　同学们～起来 / 老头儿们(跟年轻人一起)～～
- ～+형용사　～得对 / ～得好 / ～得痛快
- 수량사+～　～一下 / ～了一会儿 / ～一次
- 형용사+～　一起～ / 共同～ / 长久地～(下去) / 适当地～ / 尽情地～

3) 名词

- ～+형용사　～(很)多 / ～迷人 / (这些)～没意思
- 동사+～　看～ / 赶～ / 趁～ / 凑～ / 看到的～ / 遇见的～
- 명사+～　以往的～ / 眼前的～ / 娱乐场的～ / 现在的～

2 质量

- ～+동사　～提高了 / ～改进了 / ～合格了 / ～过关了
- ～+형용사　～(很)好 / ～差 / ～可靠 / ～一般
- 동사+～　抓～ / 保证～ / 控制～ / 决定～ / 反映了～ / 追求～
- 명사+～　产品的～ / 工程的～ / 衣服的～ / 资料的～ / 教育的～

- 형용사+～　(很)高的～ / 优秀的～ / 起码的～ / 头等的～
- ～+명사　～的情况 / ～的问题 / ～的特点 / ～的作用 / ～检查员

3 一切

1) 名词

- ～+동사　～照办 / ～照抄 / ～(在)运动
- ～+형용사　～平静 / ～安定 / ～混乱 / ～凄凉
- 동사+～　调动～ / 领导～ / 毁灭～ / 抛开～ / 否定～

2) 形容词

- ～+명사　～人 / ～家具 / ～国家 / ～计划 / ～想法 / ～活动
～的方式 / ～的策略 / ～财产 / ～知识

1 自动

- ～+명사　～的行为 / ～的做法 / ～的行动 / ～的现象 / ～的反映 /
～的系统 / ～的装置 / ～售货机 / ～照相机
- ～+동사　～走开 / ～参军 / ～守(纪律) / ～做(介绍) / ～变化 /
～结晶 / ～了解 / ～垮台 / ～控制 / ～操作 / ～印刷

注 释

1 明洞**之所以**吸引人，**是因为**明洞是韩国最大的时装街之一

'之所以~，是因为~'는 '~인 까닭은 ~때문이다'라는 의미를 나타내는 접속사이다.

1) 他之所以成功，是因为十分勤奋。
2) 他之所以能这样，是因为他没有忘记战友的委托。
3) 我之所以去了很长时间，是因为刚好接受天帝的教命。

2 一分钱，一分货

'1分에 대하여는 1分짜리 물품'이란 뜻으로, 품질에 따라 가격을 정하기 때문에 가격이 높은 것은 품질이 좋은 것이고, 가격이 싼 것은 품질이 떨어진다는 것을 의미한다.

3 那可**不见得**

'不见得'는 '반드시~인 것은 아니다', '꼭 ~라고 할 수는 없다'라는 뜻이다.

1) 这样做，不见得会有好结果。
2) 说他上不了大学，那倒不见得。
3) 这话不见得可靠。

'不见得'와 '不一定'의 의미는 비슷하지만 그 쓰임에 있어 차이점을 지니는데, '不一定'은 명사를 수식할 수 있으나, '不见得'는 그렇지 못하다.

3) 他对这件事不见得清楚。/ 他对这件事不一定清楚。
4) 不一定的事，现在想也没有用。/ *不见得的事，现在想也没有用。

4 恭敬不如从命

'공손한 것은 복종하는 것보다 못하다'라는 뜻으로, 어떠한 예의보다 상대방이 시키는 대로 하는 것이 가장 좋은 것이기에, 상대방이 시키는 대로 하겠음을 표현하는 일종의 인사말이다.

5 这是傻瓜相机还是手调的？

'傻瓜相机'는 조작 간편한 전자동 카메라를 가리키는 말인데, 영어 'foolproof'를 '傻瓜'(바보)로 오역하면서 생긴 단어이다.

6 喀嚓

각 민족의 언어의 음운, 습관의 차이 혹은 사물 관찰 각도의 차이에 따라 사물이나 자연계의 소리를 흉내 내는 것도 차이가 있다. 다음은 자주 쓰이는 중국어의 의성어들이다.

汪汪	wāngwāng	개 짖는 소리
咩咩	miēmiē	양 우는 소리
哞哞	mōumōu	소 우는 소리
喵喵	miāomiāo	고양이 우는 소리
嗡嗡	wēngwēng	벌, 파리 소리
哗哗	huāhuā	비, 물소리
扑通	pūtōng	물에 빠지는 소리
呼噜	hūlū	코고는 소리
咯咯	gēgē	웃음 소리
哈哈	hāhā	웃음 소리
咚咚	dōngdōng	노크소리
噼啪	pīpā	폭죽 소리
嘀嘀	dīdī	자동차 경적 소리
叮零零	dīnglínglíng	종소리
的铃铃	dīlínglíng	전화벨 소리
叽叽喳喳	jījīzhāzhā	새소리

练 习

1. 用正确的语调读出下面的句子:

❶ 哇, 真热闹啊, 每天都这么热闹吗?
❷ 那可不见得, 如果运气好的话会买到物美价廉的好东西。
❸ 啊! 对了! 我要买一件大衣和一瓶香水。
❹ 一切开销我付, 陪我去看看怎么样?
❺ 恭敬不如从命, 我就给你当一次导游。
❻ 笑一下, 好, 一二三, 茄～子!

2. 替换划线部分的词语:

❶ 平时人来人往, 周末更是水泄不通。

188远　　218远
是恋人　　是夫妻

❷ 我对首尔还不太熟悉。

这附近
这工作

❸ 麻烦您, 帮我们拍张照好吗?

介绍一下
买份报纸

❹ 您只要按快门就可以。

虚心　　会进步
努力　　一定成功

3. 请你说说：

❶ 向老师介绍首尔的南山。
❷ 介绍去韩国民俗村怎么走。
❸ 谈谈你对‘一分钱一分货’的看法。

第 19 课

旅行

情景 1

民秀　我和几个朋友打算一起去中国旅行，你的旅游经验多，帮我们参谋参谋吧。

浩杰　如果喜欢冬天旅行，我建议你们去北国的哈尔滨。冰城哈尔滨的冰雕、雪雕驰名中外，亚布力滑雪场也是很有名的。游完了哈尔滨还可以顺道再到吉林看看松花江的树挂。

民秀　听你这么一说[1]，真想马上去。但是就是太冷了，我怕大家一下子适应不了[2]。

浩杰　那样的话，可以往南走，比如云南。

民秀　听说那里一年四季都像春天那么温暖，是真的吗？

浩杰　是的，云南的大理、丽江、西双版纳、石林等地都值得去一趟。到那里你会觉得到了一个天然的自然博物馆。

民秀　冰城哈尔滨、神奇之地云南，我都想去，我得赶快跟大家商量商量，选一个折中的路线。

浩杰　不管去哪儿，亲身体验是最重要的，俗话说"百闻不如一见[3]"嘛。

民秀　谢谢你，你有什么需要的东西吗？

浩杰　不用了，我什么也不缺。以我的经验[4]，在旅游景点，最好什么也不要买，以免被小贩当成冤大头给宰了[5]。

北国	běiguó	중국의 북부
哈尔滨	Hā'ěrbīn	하얼빈(지명)
冰城	bīngchéng	얼음 도시
冰雕	bīngdiāo	얼음 조각(雕刻)
雪雕	xuědiāo	눈 조각(雕刻)
驰名	chímíng	명성을 떨치다
亚布力	Yàbùlì	야부리(지명)
滑雪场	huáxuěchǎng	스키장
顺道	shùndào	오는 길에, 지나는 길
松花江	Sōnghuājiāng	쑹화강(지명)
树挂	shùguà	(나뭇가지에 얼어붙은)성에
一下子	yíxiàzi	단숨에, 한번에, 짧은 시간에
云南	Yúnnán	운남성(지명)
大理	Dàlǐ	따리(지명)
丽江	Lìjiāng	리지앙(지명)
西双版纳	Xīshuāngbǎnnà	시쑤앙반나(지명)
石林	Shílín	스린(지명)
折中	zhézhōng	절충하다
亲身	qīnshēn	친히, 몸소, 직접
以免	yǐmiǎn	~하지 않도록

情景 2

素英　爱华，听说你去旅行了？

爱华　是的，来韩国后学习生活一直都很紧张，大家都想放松一下，所以寒假一开始就组织了这次旅行。

素英　都去了哪些地方？

爱华　东海岸，先坐火车到正东津看了日出，然后沿着海岸线北上去了江陵、束草和雪岳山。

素英　滑没滑雪？

爱华　我不会滑雪，但是坐了雪爬犁。坐雪爬犁不需要什么特别的技术，男女老少都可以玩儿，真的很有意思。

素英　住在什么地方了？

爱华　我们住在当地的老乡家。

素英　习惯吗？那可是传统的韩国式呀！

爱华　老两口热情周到，房间收拾得干干净净的，那儿的地板热乎乎的，很像东北的火炕。

素英　吃的呢？

爱华　早饭他们提供，午饭和晚饭呢，我们随意，或者到饭店去吃，或者自己到市场买些想吃的[6]，回来大家一起做。那里提供一切炊具和作料，让人有一种宾至如归的感觉。

组织	zǔzhī	조직하다, 구성하다
东海岸	dōnghǎi'àn	동해안
正东津	Zhèngdōngjīn	정동진(지명)
沿着	yánzhe	~을 따라서, ~을 끼고
北上	běishàng	북상하다
江陵	Jiānglíng	강릉(지명)
束草	Shùcǎo	속초(지명)
雪岳山	Xuěyuèshān	설악산(지명)
雪爬犁	xuěpálí	눈썰매
当地	dāngdì	그 지방, 현지
老乡家	lǎoxiāngjiā	시골집
地板	dìbǎn	방바닥
热乎乎	rèhūhū	뜨끈뜨끈하다
火炕	huǒkàng	(중국식)온돌
炊具	chuījù	취사도구
作料	zuòliào	양념, 조미료
宾至如归	bīnzhìrúguī	집에 돌아온 것처럼 편한 대접을 받다

词语搭配与扩展

1 建议

1) 动词

- 명사 + ~　　领导~ / 医生~ / 委员会~ / 代表~
- ~ + 동사　　~讨论(一下) / ~发表 / ~修改 / ~取消 / ~法办
- ~ + 수량사　　~过一回 / ~了一次
- 형용사 + ~　　积极~ / 主动~ / 大胆~ / 及时~
- ~ + 명사　　~的原因 / ~的方式 / ~的结果 / ~的问题

2) 名词

- ~ + 동사　　~提出了 / ~(被)接受了 / ~撤回了
- ~ + 형용사　　~(很)好 / ~(很)重要 / ~(很)正确
- 동사 + ~　　赞同(某)~ / 反对(某)~ / 拒绝(某)~ / 提出~ / 接受~
- 명사 + ~　　领导的~ / 厂方的~ / 群众的~ / 朋友的~
- 수량사 + ~　　一个~ / 一条~ / 一种~ / 一项

2 自然

1) 名词

- 동사 + ~　　研究~ / 解释~ / 保护~ / 回归~ / 重视~
- 형용사 + ~　　巨大的~ / 伟大的~ / 公平的~ / 无限的~
- ~ + 명사　　~科学 / ~的法则 / ~的景色 / ~的资源 / ~的主人

2) 形容词

- 명사 + ~　　表情~ / 动作~ / 样子~ / 态度~
- 동사 + ~　　需要~ / 保持~ / 缺乏~ / 显得~ / 感到~

- ～＋형용사　～得多 / ～得可爱 / ～得(十分)质朴
- ～＋수량사　～一点儿 / ～一些 / ～几分
- 형용사＋～　特别～ / 基本～ / 完全～ / 同样～
- ～＋명사　～的人 / ～的动作 / ～的神色 / ～的语调 / ～的看法
- ～＋동사　～地说道 / ～地微笑着 / ～地表白(自己) / ～地联想到(他)

3 紧张

- 명사＋～　工人们(很)～ / 孩子～ / 样子～ / 局势～ / 情况～ / 工作～ / (这些)日子(很)～ / 劳动力～ / 教员～ / 资金～
- ～＋동사　～地讲 / ～地问 / ～地走(上来) / ～地躲开 / ～地抢救 / ～地动员 / ～地操作 / ～地追赶
- 동사＋～　开始～ / 感到～ / 显得～ / 避免～ / 免得～
- 형용사＋～　过分～ / 相当～ / 暂时～ / 经常～
- ～＋명사　～的原因 / ～的程度 / ～的情况 / ～的工人

注 释

1 听你这么一说

'一'가 동사 앞에 쓰여서, 어떤 짧은 동작을 통해 모종의 결과나 결론이 발생함을 나타낸다.

1) 我一说, 你必定乐意。
2) 医生一检查, 果然是肺炎。
3) 我一想, 他回去一躺也好。

2 我怕大家一下子适应不了

'了'는 '得', '不'와 같이 동사 뒤에 쓰여, 행위가 실현될 수 있는지, 없는지를 나타낸다.

1) 这件事我们承担不了。
2) 胳臂虽长代替不了大腿。
3) 躲得了和尚, 躲不了寺。

일부 동사 뒤에서 쓰일 때는 양적으로 완료할 수 있고 없음을 나타낸다.

4) 菜太多, 吃不了。
5) 这件事一时说不了。

'了'가 형용사 뒤에 쓰일 때는 상태의 변화나 정도에 대한 추측을 나타낸다.

6) 这次我错不了, 您放心。
7) 看样子, 他的行李轻不了。

3 百闻不如一见

'백번 듣는 것이 한 번 보는 것만 못하다'라는 뜻이다. 경우에 따라서는 뒤에 '百见不如一试'(백번 보는 것이 한 번 해보는 것만 못하다)가 종종 같이 쓰이기도 한다.

4 以我的经验, 在旅游景点, 最好什么也不要买

'以'가 동작이나 행위의 근거, 방식 등을 나타낸다.

1) 平均每户口以四口人计算。
2) 我们要以高标准严格要求自己。

자격, 신분, 원인, 이유 등을 나타내기도 한다.

3) 以老朋友的身份权你不要这样固执。
4) 我们以祖国有这样的英雄而自豪。

5 以免被小贩当成冤大头给宰了

'以免'은 뒷문장의 첫머리에 쓰여 '~하지 않도록', '~않기 위해서'라는 의미를 나타낸다.

1) 过马路要小心, 以免发生意外。
2) 你要仔细检查, 以免出错。

6 或者到饭店去吃, 或者自己到市场买些想吃的

'或者~或者~'는 구나 절을 연결하는 접속사로써 '~이거나 아니면 ~이거나', '혹은', '또는' 등의 의미를 나타낸다.

1) 或者你去, 或者我去, 都行。

2) 这个会或者林老师去或者白老师去，都可以。

선택을 나타내는 의문문에서는 '或者'가 아니라 '还是'가 쓰임에 주의하자.

3) 你去还是他去?
*你去或者他去?

练 习

1. 用正确的语调读出下面的句子:

❶ 你的旅游经验多, 帮我们参谋参谋吧。

❷ 但是就是太冷了, 我怕大家一下子适应不了。

❸ 听说那里一年四季都像春天那么温暖, 是真的吗?

❹ 不用了, 我什么也不缺。

❺ 不管去哪儿, 亲身体验是最重要的, 俗话说"百闻不如一见"嘛。

❻ 习惯吗? 那可是传统的韩国式呀!

2. 替换划线部分的词语:

❶ 听你这么一说, 真想<u>马上去</u>。

去尝尝

亲自去试听一下

❷ 不管<u>去哪儿</u>, <u>亲身体验是最重要的</u>。

人家怎么说	我也不改变我的信心
他信不信	事实总是事实

❸ <u>在旅游景点</u>, 最好<u>什么也不要买</u>。

学校路不好走	有人陪伴
工作别慎着	到手就做

❹ <u>寒假</u>一<u>开始</u>就<u>组织了这次旅行</u>。

天	亮	起来了
他	听这话	急了

3. 请你说说：

❶ 放假的时候你打算做什么?
❷ 韩国有哪些旅游城市?
❸ 介绍你去过的一处中国的名胜古迹。
❹ 去外地旅行应该注意些什么?

第 20 课

作客

情景 1

浩杰	星期六大家有空儿吗？
民秀	有什么事吗？我没事儿。
大浩	我早上有个家教[1]，下午也没事。
素英	本姑娘[2]，有的就是时间，有什么节目吗？
浩杰	我搬家了，我想请你们到我家吃顿饭[3]。
民秀	是应该庆祝一下乔迁之喜。
浩杰	那就这么说定了，周六下午两点我到二村站接你们，四号出口。
众人	好，不见不散。

(浩杰走后)

素英	咱们不能空手去吧，是不是[4]应该买点礼物？
民秀	那还用说，说什么也不能空手去啊，反正现在有时间，现在就去。
众人	好，说干就干。

生 词

作客	zuòkè	손님이 되다, 방문하다
家教	jiājiào	과외(수업)
庆祝	qìngzhù	축하하다
乔迁	qiáoqiān	더 나은 곳으로 이사하다
不见不散	bújiànbúsàn	만날 때까지 기다리다
空手	kōngshǒu	빈손
反正	fǎnzhèng	어쨌든, 아무튼
说干就干	shūo gàn jiù gàn	말 나온 김에 행동으로 옮기다

情景 2

浩杰　妈，民秀他们来了。

浩杰母亲　欢迎欢迎，快进来。

大浩　伯母，打扰您了。

浩杰母亲　你们来家里玩儿，我们求之不得，快进屋里聊。

(大家入座后)

浩杰母亲　你们喝点儿什么？咖啡还是饮料？

民秀　伯母，我们还不习惯喝咖啡，给我们饮料吧。

素英　浩杰，你家又大又暖和。

浩杰　买大房子是因为人多，我家可是四世同堂。

大浩　四世同堂？都有什么人？现在都在哪儿？

浩杰　上有爷爷、奶奶、爸爸、妈妈，下有小侄子，这不就是四世同堂，不过，爷爷、奶奶去旅游了。哥哥一家三口呢，昨天回嫂子的娘家了。

民秀　墙上的照片就是你们的全家福[5]吧？

浩杰　对，侄子过周岁时照的。

浩杰母亲　来，吃水果，喝饮料。饿的话先吃点糕点，一会儿我给你们做好吃的，咱们五点钟准时开饭[6]。

素英　谢谢伯母。

生 词

打扰	dǎrǎo	폐를 끼치다
求之不得	qiúzhībùdé	구하려 해도 얻을 수 없다(매우 열망하던 것)
四世同堂	sìshìtóngtáng	한 집에 네 세대가 모여 사는 것
侄子	zhízi	조카
嫂子	sǎozi	형수
娘家	niáng jiā	친정 집
全家福	quánjiāfú	가족사진
周岁	zhōusuì	한 돌
糕点	gāodiǎn	케익, 과자, 빵 따위의 총칭
准时	zhǔnshí	정확한 시간, 정각
开饭	kāifàn	식사를 차리다
伯母	bómǔ	친구의 어머니를 부를 때 쓰는 호칭

词语搭配与扩展

1 庆祝

- 명사+～　全民～/ 全校～/ 举国～
- 동사+～　着手～/ 提议～/ 集会～
- 형용사+～　热烈地～/ 欢乐地～/ 由衷地～
- ～+명사　～国庆/ ～新年/ ～校庆
- ～+동사　～成立/ ～丰收/ ～联营
- ～+수량사　～一天/ ～了半个月/ ～一番

2 欢迎

- 명사+～　读者～(这种文章)/ 听众～(这个节目)/ 祖国～(归侨)
- 동사+～　受到～/ 得到～/ 获得～
- 형용사+～　诚挚地～/ 衷心地～/ 广泛地～
- ～+명사　～外宾/ ～调查组/ ～演出队
- ～+동사　～光临/ ～指教/ ～投稿
- ～+수량사　～一场/ ～一趟/ ～一番

3 打扰

- 동사+～　避免～/ 防止～/ 受到～
- 형용사+～　故意～/ 临时～/ 不得已～
- ～+명사　～主人/ ～全家/ ～(别人的)好梦
- ～+동사　～看书/ ～工作/ ～休息
- ～+형용사　～得厉害/ ～得(很)苦/ ～得(很)烦

4 旅游

- 동사 + ～　　开展～/ 组织～/ 安排～
- 형용사 + ～　　快乐地～/ 顺利地～/ 定期地～
- ～ + 명사　　～事业/ ～费用/ ～团
- ～ + 동사　　～完成了/ ～充满(乐趣) / (这次)～大开了(眼界)
- ～ + 형용사　　～(很)艰苦/ ～顺利/ ～得(很)高兴
- ～ + 수량사　　～一趟/ ～一回/ ～了两个星期

5 暖和

1) 形容词

- 명사 + ～　　天气～/ 气候～/ 阳光～
- 동사 + ～　　显得～/ 感到～/ 晒得～
- 형용사 + ～　　过分～/ 出奇地～/ 异常～
- ～ + 형용사　　～得快/ ～得慢/ ～得出奇

2) 动词

- 명사 + ～　　旅客(在屋里)～/ 人们(在火炉旁)～
- 동사 + ～　　需要～～/ 希望～(一下) / 设法～～
- 형용사 + ～　　(很)快～(过来了) / 慢慢～(过来了) / 基本～(过来了)
- ～ + 명사　　～身子/ ～手/ ～脚
- ～ + 형용사　　～得(很)快/ ～得(很)慢

注 释

1 我早上有个家教

'家教'는 '家庭教育'(가정교육)과 '家庭教师'(가정교사)의 축약어이다.

1) 我父亲的家教很严格。
2) 目前，外语家教很吃香。
3) 由于从小缺少家教，他很不懂事。
4) 这对夫妻给孩子请了三个家教。

2 本姑娘

'本'은 명사 앞에 쓰여 화자 자신 또는 자신이 속한 집단, 조직, 장소 등을 나타낸다.

1) 本人
2) 本工厂
3) 本校定于2月28日开学。

3 我想请你们到我家吃顿饭

어떤 동사의 목적어로 쓰이면서 동시에 뒤에 오는 동사에 대해 의미상 주어가 되는 문장성분을 '겸어(兼语)'라고 한다. 이 겸어를 목적어로 취하는 동사를 '겸어동사'라 하고 이런 구조를 가진 문장을 '겸어문(兼语句)'이라고 한다. 겸어문에는 사역의 의미를 지닌 동사가 많이 쓰이는데 대표적인 동사로는 '请', '让', '叫', '使', '派', '命令' 등이 있다.

1) 我请你唱一首歌，行吗？

2) 老师让我先回家。
3) 妈妈叫我早点儿到那儿。
4) 政府派他去中国处理几件重要事情。

④ 是不是应该买点礼物

'是不是'를 사용하는 의문문은 대체로 묻는 사람이 어떤 사실이나 상황에 대하여 이미 비교적 긍정적인 추측을 하고 있는 상태에서 한 걸음 더 나아가 사실을 확인하려는데 사용되지만 때로는 사실 확인이 아닌 상대방의 동의를 구하는 일종의 상의조의 뉘앙스를 띠는 경우도 있다.

1) 我们是不是找他谈一谈?
2) 是不是我去帮助他一下?

⑤ 墙上的照片就是你们的全家福吧

'全家福'는 온 가족이 함께 찍은 '가족사진'이란 뜻과 여러 가지 고기를 섞어 만든 '고지잡채'의 의미로도 사용된다.

⑥ 咱们五点钟准时开饭

'开饭'은 '식당에서 영업개시하다'의 의미와 '식사를 시작하다(밥을 먹다)'의 의미로 사용된다.

1) 食堂几点开饭?
2) 不等了,咱们先开饭吧。

练 习

1. 用正确的语调读出下面的句子：

❶ 本姑娘，有的就是时间，有什么节目吗？
❷ 是应该庆祝一下乔迁之喜。
❸ 好，说干就干。
❹ 你们来家里玩儿，我们求之不得，快进屋里聊。
❺ 墙上的照片就是你们的全家福吧？
❻ 饿的话先吃点糕点，一会儿我给你们做好吃的，咱们五点钟准时开饭。

2. 用指定词语造句。

❶ 习惯
❷ 准时
❸ 反正
❹ 空手
❺ 打扰
❻ 求之不得

3. 对话训练

请用下面的话题进行对话：

❶ 给主人送上礼物
❷ 主人拿出东西招待客人

4. 成段表达训练：

❶ 谈谈你在一位中国人家里作客的经历。

❷ 在韩国初次到别人家里去作客应该怎么做？

❸ 在韩国怎样邀请别人到家里作客？

第 21 课

谈吸烟

情景 1

浩杰	咱们休息一会儿吧。走，到外面去换换空气。
民秀	好，我的脚都麻了。大浩，一起出去吧。

(楼下)

浩杰	(从口袋里掏出烟盒，抽出两支烟，递给民秀和大浩)来抽一支，提提神。
民秀	谢谢。
大浩	别闹了，明知我不会，还给我。
浩杰	(吐着烟圈儿)真舒服，你怎么到现在也没学会吸烟。
大浩	不是不学，是不想学。百害无一益的就是吸烟。
民秀	但是作为男人，有时是很必要的。特别是在与不熟的人见面时[1]，相互敬烟有时会成为友好交往的敲门砖。
大浩	那是以前的观念，现在在各种公共场所、各大建筑物里都禁止吸烟。吸烟群只好跑到卫生间、阳台、楼层外享受吸烟的乐趣。
浩杰	这倒是真的。
民秀	这是你没有尝过"饭后一支烟赛过活神仙"的滋味。还有，在精神压力大或写东西写不下去的时候，吸根烟，会顿觉思路大开，精神也豁然开朗。
大浩	你这是强词夺理。
浩杰	我看咱们还是各得其乐吧。

生词

麻	má	저리다
口袋	kǒudài	호주머니
掏	tāo	꺼내다
支	zhī	개피(담배를 세는 양사)
递	dì	건네주다
提神	tíshén	정신을 차리다
闹	nào	장난하다
吐	tǔ	내뱉다
烟圈儿	yānquānr	도넛 모양의 담배연기
舒服	shūfu	상쾌하다
百害无一益	bǎihàiwúyīyì	백해무익
敬烟	jìngyān	담배를 권하다
敲门砖	qiāoménzhuān	좋은 수단 및 방법
建筑物	jiànzhùwù	건물
享受	xiǎngshòu	누리다, 즐기다
赛过	sàiguò	~보다 낫다
滋味	zīwèi	맛, 재미
顿觉	dùnjué	홀연~한 느낌(생각)이 들다
思路	sīlù	생각의 갈피(방향)
豁然开朗	huòránkāilǎng	(마음, 머리가)확 트이다
强词夺理	qiǎngcíduólǐ	억지를 쓰다
各得其乐	gèdéqílè	각자 자신의 즐거움을 누리다

情景 2

爱华	别抽了，你看这屋子让你弄得乌烟瘴气的[2]。
浩杰	喝酒的时候，我就忍不住想抽烟[3]，最后一根。
大浩	现在都提倡戒烟，你也戒了吧。
浩杰	戒了几次，可是都以失败告终。重新再抽，量反倒大了。
爱华	你抽烟，我们因为你间接吸烟，危害要比你大，知道吗？
浩杰	知道，也知道吸烟对身体没有好处，别人都不喜欢，可是就是戒不掉怎么办[4]？我也闹心。
大浩	什么时候最想吸烟？
浩杰	比如饭后、喝酒、去卫生间的时候，还有心烦意乱的时候。
大浩	试过戒烟片吗？
浩杰	试过，都没用。归根到底是我的意志不坚定。做什么我都有信心，唯独这戒烟，我算投降了[5]。
爱华	我听说最近有很多戒烟人聚会，戒烟失败的人聚在一起，互诉戒烟史，交流戒烟经验。
浩杰	这我倒是第一次听说。
爱华	我帮你问问。

生 词

乌烟瘴气	wūyānzhàngqì	혼탁하고 더러운 공기
忍不住	rěnbuzhù	참지(견디지) 못하다
提倡	tíchàng	제창하다
告终	gàozhōng	끝나다
反倒	fǎndào	오히려
间接	jiànjiē	간접적인
危害	wēihài	위해, 해, 피해
闹心	nàoxīn	괴로워하다
心烦意乱	xīnfányìluàn	마음이 괴롭고 혼란하다
戒烟片	jièyānpiān	금연 약
归根到底	guīgēndàodǐ	결국, 끝내
坚定	jiāndìng	(의지가) 굳다
唯独	wéidú	유독, 단지

词语搭配与扩展

1 休息

- 명사＋～ 商店～了 / 办公室～了 / 图书馆～了
- 동사＋～ 注意～ / 稍事～ / 破坏～
- 형용사＋～ 好好～ / 充分地～ / 安心地～
- ～＋명사 ～脑子 / ～(一下)眼睛 / ～的地方
- ～＋형용사 ～得(很)舒服 / ～得(很)充分 / ～得(很)踏实
- ～＋수량사 ～一下 / ～一会儿 / ～一小时

2 舒服

- 명사＋～ 身体～ / 内脏～ / 心里～ / 房间(很)～
- 동사＋～ 贪图～ / 懂得～ / 享受～ / 布置得～
- 형용사＋～ 确实～ / 彻底～ / 稍许～ / 无限～
- ～＋명사 ～的时候 / ～的条件 / ～的日子
- ～＋동사 ～地坐着 / ～地躺着 / ～地睡觉
- ～＋형용사 ～得如意 / ～得称心 / ～得过分
- ～＋수량사 ～一下 / ～一阵 / ～两次

3 作为

- 명사＋～ (这句)话～(座右铭) / (这个)地方(可以)～(会场)
- ～＋명사 ～代表 / ～榜样 / ～知己 / ～偶像
- ～＋동사 ～祝贺 / ～鼓励 / ～惩罚

4 必要

- 명사+～　人才(很)～ / 资金(十分)～
- 동사+～　变得(越来越)～
- 형용사+～　完全～ / 实在～ / 相当～
- ～+명사　～的方法 / ～的步骤 / ～的措施 / ～的设备 / ～的法律条文

5 乐趣

- 명사+～　天伦的～ / 人生的～ / 学生的～
- 동사+～　缺乏～ / 增添了～ / 尝到～ / 体会到～
- 형용사+～　小小的～ / 无穷的～ / 少有的～
- 수량사+～　一种～ / 一点～ / 一些～
- ～+동사　～得到了 / ～增加了
- ～+형용사　～(很)多 / ～无穷

6 坚定

- 명사+～　立场～ / 意志～ / 目标～ / 口气～
- 동사+～　需要～ / 显得～ / 说得～
- ～+동사　～地回答 / ～地表示 / ～地预言 / ～地相信

注 释

1 特别是在与不熟的人见面时

'特别是'는 같은 종류의 것 중에서도 가장 두드러진 것을 설명할 때 쓰인다. 뒤에는 보통 동사나 명사가 오며 때로는 절이 오기도 한다.

1) 我们班同学进步都很快, 特别是爱华。
2) 我不喜欢做饭, 特别是包饺子, 麻烦死了。
3) 因为增加了新的技术设备, 特别是群众的积极性调动起来了, 生产很快就搞上去了。

2 你看这屋子让你弄得乌烟瘴气的

'弄'은 다양한 의미와 용법을 가지고 주로 구어체에서 사용된다. 상용되는 두 의미를 정리하면 다음과 같다.
첫째, '~을 하다'의 의미를 나타내는데 대체로 다른 동사를 대신하여 사용되며 특히 의미가 불분명하거나 굳이 구체적으로 말할 필요가 없는 동작을 나타낼 때 사용된다.

1) 你能把这瓶啤酒弄开吗？ (打)
2) 客人都来了, 菜弄好了吗？ (做)
3) 她的新衣服被弄脏了。

둘째, '방법을 강구해서 얻다'의 의미를 나타낸다.

4) 他从朋友那儿弄来两张电影票。
5) 咱们得先弄点儿钱。

'弄得'는 '~한 결과를 낳게 하다'라는 뜻으로 사용되기도 한다. 이 경우 뒤에는 주로 좋지 않은 상황이 출현한다.

6) 他总是让别人听他的，弄得大家都不愿意跟他在一起。

3 我就忍不住想抽烟

'忍不住'는 '참을 수 없다, 억제하지 못하다, ~하지 않을 수 없다'의 의미로 사용된다.

1) 听了小白讲的故事，大家忍不住哈哈大笑起来。
2) 一听到音乐，她就忍不住要跳起舞来。
3) 那位老人一谈到过去的痛苦生活就忍不住流下眼泪来。

4 可是就是戒不掉怎么办

'掉'는 결과보어로 쓰여 '제거'의 의미를 보충해준다.

1) 打掉
2) 去掉
3) 删掉
4) 忘掉

5 我算投降了

'算'은 '~인 셈치다, ~로 간주하다'의 의미로 뒤에 동사 외에도 명사와 형용사, 절 등을 수반할 수 있다.

1) 你算是打听对了，你问的这个人我很熟。
2) 这点外伤不算回事。
3) 年纪虽然大了，身体还算结实。
4) 这回可算你们走运，没碰上下雨。

练 习

1. 用正确的语调读出下面的句子：

❶ 别闹了, 明知我不会, 还给我。
❷ 这是你没有尝过"饭后一支烟赛过活神仙"的滋味。
❸ 我看咱们还是各得其乐吧。
❹ 重新再抽, 量反倒大了。
❺ 做什么我都有信心, 唯独这戒烟, 我算投降了。
❻ 这我倒是第一次听说。

2. 用指定词语造句。

❶ 递
❷ 作为
❸ 只好
❹ 赛过
❺ 思路
❻ 豁然开朗
❼ 强词夺理
❽ 各得其乐
❾ 乌烟瘴气
❿ 反倒

3. 对话训练

请用下面的话题进行对话：

❶ 劝朋友戒烟
❷ 二手吸烟

4. 成段表达训练：

❶ 常听人说“百害无一益的就是吸烟”，谈谈你对这句话的看法。

第 22 课

谈兴趣

情景 1

民秀	平时你都喜欢做些什么？
素英	我？也没什么特别的，休息的时候爱在家看看书[1]，听听音乐。
民秀	那和朋友在一起的时候呢？
素英	和朋友在一起呀？我一般和好友一同去游泳或者打保龄球。
民秀	看你身材越来越好应该有什么好的健身项目吧？
素英	也没什么特别的，就是定期到健身俱乐部去跳跳健美操，周末去爬山什么的[2]，之后，会感到神情气爽。
民秀	是啊，对现在生活在忙碌的大都市的人来说，常常进行有氧运动是极为必要，也是极为重要的。
素英	听说网球也是一项很不错的休闲运动，我正打算到正规的学习班去学学呢。
民秀	哦？你想打网球？我可以教你啊！
素英	啊？你真的可以教我吗？真是太棒了！那我们什么时候开始呢？
民秀	明天正好是周末，明天就开始怎么样？
素英	好啊！那我们就一言为定。

生词

健身	jiànshēn	몸을 건강하게 하다
项目	xiàngmù	항목
定期	dìngqī	정기적으로
俱乐部	jùlèbù	클럽
健美操	jiànměicāo	에어로빅댄스
神情气爽	shénqīngqìshuǎng	기분이 상쾌하다
忙碌	mánglù	바쁘다
都市	dūshì	도시
有氧运动	yǒuyǎngyùndòng	유산소 운동
极为	jíwéi	극히, 매우
休闲	xiūxián	레저 활동(하다)
正规	zhèngguī	정규적인, 정식의

情景 2

爱华　大浩, 大浩, 帮我铺点儿东西, 哎呦, 烫死我了。

民秀　快放下, 叫他没用。他现在已经钻到书里去了。

爱华　真拿他没办法, 昨晚看到三点多, 一会儿笑, 一会儿又唉声叹气的[3]。

大浩　又在说我吧, 我推荐你们也看看这本《指环王》。看书和看电影的感觉就是不同, 书会让人插上想象的翅膀。

爱华　别讲你的读后感了, 快来吃面, 再不吃就泡过劲儿了。

大浩　我不吸烟, 不喝酒, 就这么个爱好, 你可不要剥夺我的人生乐趣啊。爱华, 你的爱好是什么?

爱华　有空儿的话, 我会一边喝咖啡, 一边听音乐。也会和朋友去看电影。

大浩　你很会享受[4], 你都喜欢听什么音乐?

爱华　古典音乐、轻音乐等, 如果你们感兴趣, 我有很多碟, 可以借给你们听, 还可以给你们介绍一些音乐网站。

民秀　好, 这叫有福同享, 有难同当。可, 大浩就不是啦, 他一看书就把我这个室友忘到一边。

大浩　哎, 哎, 你说话要凭良心。前两天我还推荐你看过一本书, 你嫌太长[5]。

爱华　好了, 别吵了, 快吃面。

铺	pū	(물건을)깔다, (자리를)펴다
烫	tàng	뜨겁다
钻	zuān	파고들다
唉声叹气	āishēngtànqì	탄식하다
《指环王》	zhǐhuánwáng	《반지의 제왕》
插	chā	끼우다, 삽입하다
翅膀	chìbǎng	날개
泡过劲儿	pàoguojìnr	(면발이)붇다
剥夺	bōduó	박탈하다, 빼앗다
乐趣	lèqù	즐거움, 재미
古典音乐	gǔdiǎnyīnyuè	클래식 음악
轻音乐	qīngyīnyuè	경음악
音乐网站	yīnyuèwǎngzhàn	음악 사이트
有福同享， 有难同当	yǒufútóngxiǎng, yǒunàntóngdāng	행복은 함께 누리고, 고난도 함께 하다
室友	shìyǒu	룸메이트
凭	píng	～에 따르다
良心	liángxīn	양심

词语搭配与扩展

1 定期

- ～＋명사　～的贷款 / ～的存款 / ～的刊物 / ～的合同 / ～疗程
- ～＋동사　～检查 / ～考核 / ～汇报 / ～发行 / ～更换 / ～磋商

2 忙碌

- 명사＋～　工作～ / 学习～ / 生活～
- 동사＋～　生产～ / 操作～ / 教学～
- 형용사＋～　紧张地～ / 经常～ / 过度地～
- ～＋명사　～的情况 / ～的程度 / ～的原因
- ～＋동사　～地做着(各种事情) / ～地工作着
- ～＋형용사　～得厉害 / ～了(很)久
- ～＋수량사　～一番 / ～一顿

3 正规

- 명사＋～　(这)医生(很)～ / (这支)队伍(不太)～ / 活动(十分)～
- 동사＋～　训练(太)～ / 演出(挺)～ / 上课(很)～
- 형용사＋～　完全～ / 显然～ / 惊人地～
- ～＋명사　～的教师 / ～的组织 / ～的学校 / ～服装 / ～出版物
- ～＋동사　～地比赛 / ～地演出 / ～地演习
- ～＋형용사　～得(有些)刻板 / ～得可怕

4 剥夺

- 명사 + ～ 法庭～了(他的政治权利) / (他的)权利(被)～了
- 동사 + ～ 进行～ / 加以～ / 遭到～
- 형용사 + ～ 公然～ / 暗中～ / 残酷地～
- ～ + 명사 ～财产 / ～资产 / ～田地
- ～ + 형용사 ～得精光 / ～得彻底 / ～得干干净净
- ～ + 수량사 ～两次 / ～两回

5 享受

- 명사 + ～ 工人～(劳动成果) / 资本家～(豪华的生活)
- 동사 + ～ 追求～ / 乐于～ / 巴不得～
- 형용사 + ～ 尽情地～ / 愉快地～ / 痛快地～
- ～ + 명사 ～荣誉 / ～自由 / ～津贴
- ～ + 동사 ～优待 / ～照顾
- ～ + 형용사 ～幸福 / ～太平 / ～快乐
- ～ + 수량사 ～三天 / ～一次

6 想象

- 명사 + ～ 儿童的～ / 诗人的～/ 科学家的～
- 동사 + ～ 发挥～ / 运用～/ 依靠～
- 형용사 + ～ 丰富的～ / 美妙的～/ 空洞的～
- ～ + 동사 ～产生了 / ～出现了
- ～ + 형용사 ～奇特 / ～大胆

注 释

1 休息的时候爱在家看看书

'爱'는 '어떤 활동이나 상태를 좋아하다'라는 의미로 사용된다.

1) 爱说爱笑
2) 爱干净
3) 爱热闹
4) 他爱和群众接近。

2 周末去爬山什么的

'什么的'는 하나의 성분 혹은 몇 개의 병렬성분 뒤에 놓여 '等等'의 의미로 사용된다.

1) 他不喜欢下棋什么的, 就爱打篮球。
2) 桌子上摆着一碟菜, 还有酒杯、酒壶什么的。

3 一会儿笑, 一会儿又唉声叹气的

'一会儿 ~ 一会儿'은 하나의 고정 형식으로 사용되어 교차해서 출현하는 동작 또는 상황을 표현한다.

1) 这鬼天气, 一会儿冷, 一会儿热的。
2) 我看他神经不正常, 一会儿哭, 一会儿笑。
3) 他一会儿在东, 一会儿在西, 忙得不可开交。

4 你很会享受

'会'는 '어떤 일에 능숙하다, 뛰어나다'의 의미로 사용되기도 한다.

1) 精打细算, 会过日子。
2) 他很会演戏。
3) 你真会说话。

1 你嫌太长

'嫌'은 '싫어하다, 불만으로 여기다' 등의 의미로 사용된다.

1) 为大家服务, 不嫌麻烦。
2) 给了那么多, 她还嫌少。
3) 我都喘不过气来了, 你还嫌慢。

练 习

1. 用正确的语调读出下面的句子：

❶ 那和朋友在一起的时候呢？
❷ 看你皮肤越来越好应该有什么好的健身项目吧？
❸ 我正打算到正规的学习班去学学呢。
❹ 大浩，大浩，帮我铺点儿东西，哎哟，烫死我了。
❺ 别讲你的读后感了，快来吃面，再不吃就泡过劲儿了。
❻ 好，这叫有福同享，有难同当。

2. 用指定词语造句。

❶ 定期
❷ 对～来说
❸ 正好
❹ 铺
❺ 享受
❻ 推荐
❼ 凭
❽ 嫌

3. 对话训练

请用下面的话题进行对话：
❶ 周末生活
❷ 健身项目

4. 成段表达训练：

❶ 你是否认为“读书是一种享受”？

❷ 谈谈你的爱好。

第 23 课

谈运动与减肥

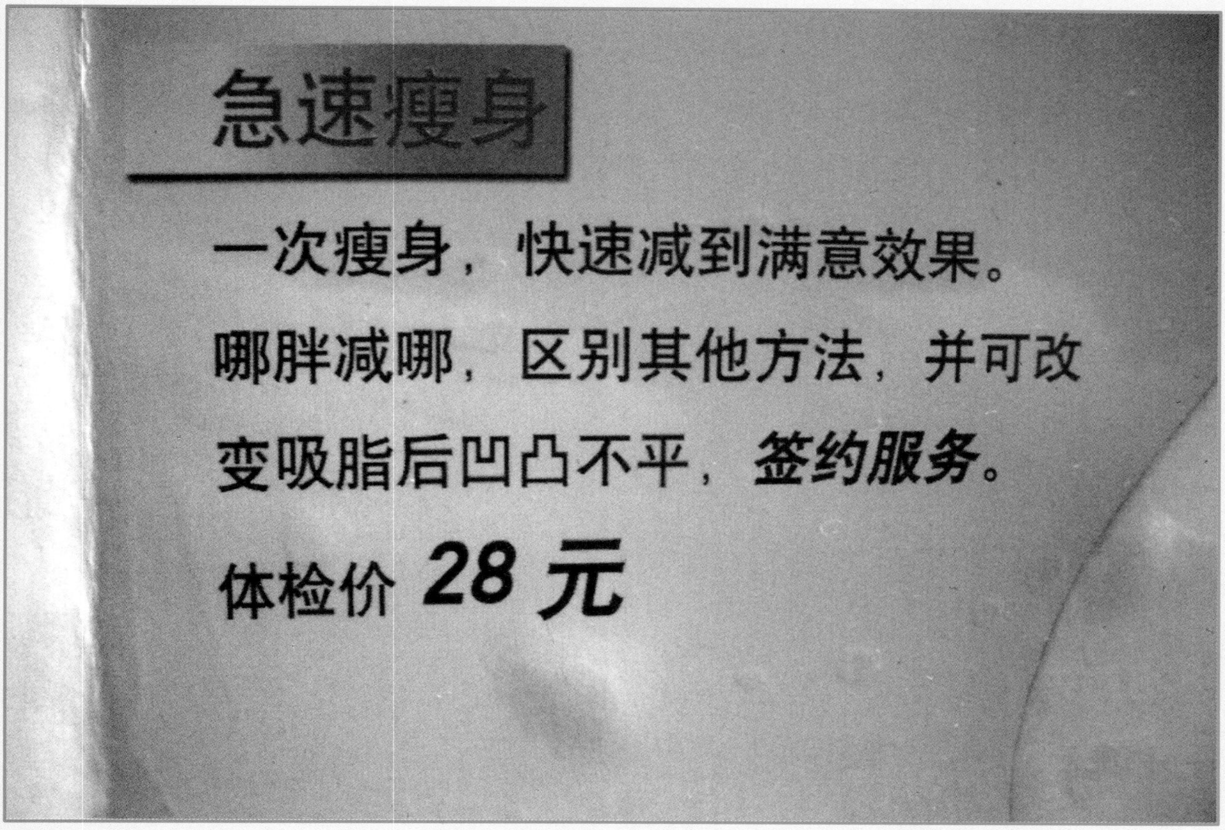

情景 1

素英　今天放学后一起到明洞去逛逛怎么样？

爱华　啊？今天？可真是不巧啊，一会儿我男朋友要参加他们系的足球友谊赛，我早就答应要去做啦啦队了。

素英　足球比赛？

爱华　是啊，他是个足球迷。他有句名言“书不离手，球不离脚”，够绝吧？呵呵。

素英　够绝？真是理解不了，一堆人就为了一个小皮球你争我夺的从场这边跑到场那边，多累啊。我还是喜欢保龄球健美操这样的运动。

爱华　哎，可不是吗[1]！上次在沈阳五里河踢的那场世界杯小组出线赛，看到中国足球第一次冲出亚洲，我男朋友激动得抱着我在电视前面直转圈子，还一直大叫着说是要到赛场去给中国队助威加油呢。

素英　呦，还真是个铁杆儿球迷呀。蛮可爱的呢。

爱华　我也是这么想的。好了，不和你聊了，我得赶快去给他加油去啦。

素英　去吧去吧，真是姑娘大了不中留呦！

爱华　瞎说什么呢你！拜拜。

生 词

名言	míngyán	명언
绝	jué	기발하다, 색다르다
堆	duī	무더기, 무리
你争我夺	nǐ zhēng wǒ duó	서로 뺏고 빼앗기다
小组出线赛	xiǎozǔ chūxiànsài	조별리그 경기
转圈子	zhuàn quānzi	한 바퀴 빙 돌다
助威	zhùwēi	응원하다
铁杆儿	tiěgǎnr	확실한, 믿을만한
蛮	mán	매우
瞎说	xiāshuō	허튼 소리를 하다
拜拜	báibái	안녕(헤어질 때 하는 인사말)

情景 2

素英　我怎么觉着你好象比以前瘦了好多，有什么秘诀！快和老朋友分享一下吧。

爱华　呵呵，是吗？我想这就叫做"无心插柳柳成荫"吧！以前想减，却减不掉。自从打了这份小时工后[2]，每天都跑来跑去的[3]，我这腿都是跑细的。这"肥"啊，也就不知不觉地减掉了。分享？要不…… 你也打份这样的短工，就知道我这法子灵不灵了。

素英　啊…… 那还是免了。不过，还是好羡慕你啊，我好像就是那种连喝口凉水都会长肉的人！

爱华　现在电视上，报纸上，好像有好多广告。有美容院里仪器减肥的，有美容美体专科医院手术吸脂的，哦！对了，还有很多减肥药听说有挺多人吃了可都"革命成功"了啊。你没去试试呀？

素英　唉，哪敢啊[4]！我妈说了，那些都是骗人的玩意儿，要是肥没减成反倒落个什么病可就得不偿失了，所以她号召我"自力更生"呢！这不，为了减肥我都不知道吃了多少苦头啦。什么鱼呀肉啊就甭说了，整天吃糠咽菜完了还要再练两个小时的瑜珈消食，折腾的我呀，每天都饿得前胸贴后背睡不着觉。

爱华　天！为了减肥你也真是能吃苦啊！可是我记得书上说呀，我们要健康饮食、科学减肥才对。其实在做适量运动的基础上，荤素搭配、营养均衡的饮食习惯也是不能少的。

素英　原来是这样啊，那我得赶快去书店买本减肥食谱好好研究研究了。

爱华　呵呵，好！那下次见面的时候我可就拭目以待了啊。

素英　行！下次咱们见面的时候我带着秤一起来。

爱华　哈哈，你可真够逗的。好了，回见啊。

素英　好，有时间常联系啊。

生 词

秘诀	mìjué	비결
分享	fēnxiǎng	(행복, 기쁨을)함께 누리다
无心	wúxīn	무심코 하다
自从	zìcóng	～이후로
小时工	xiǎoshígōng	아르바이트
不知不觉	bùzhībùjué	부지불식간에
法子	fǎzi	방법
灵	líng	효력이 있다
长肉	zhǎngròu	살이 찌다
仪器	yíqì	기구
吸脂	xīzhī	지방흡입
玩意儿	wányìr	물건(하찮다는 어감이 포함)
落	luò	얻다, 생기다
偿失	chángshī	손실을 메우다
号召	hàozhào	호소하다
自力更生	zìlìgēngshēng	자력갱생하다
苦头	kǔtou	고통
瑜珈	yújiā	요가
消食	xiāoshí	소화하다
折腾	zhēteng	괴롭히다
前胸	qiánxiōng	가슴, 흉부
后背	hòubèi	등
吃苦	chīkǔ	고생하다
适量	shìliàng	적당량
荤素	hūnsù	고기요리와 야채요리
均衡	jūnhéng	균형(을 이루다)
食谱	shípǔ	요리책
拭目以待	shìmùyǐdài	기대하다
逗	dòu	웃기다, 재미있다.

词语搭配与扩展

1 参加

명사 + ~	代表(都)~ / 专家~(学术会议) / 集体~
동사 + ~	请求~ / 申请~ / 动员~
형용사 + ~	全部~ / 踊跃~ / 单独~
~ + 명사	~协会 / ~调查组 / ~会议
~ + 동사	~考试 / ~投票 / ~研究
~ + 형용사	~得早 / ~得晚 / ~得及时
~ + 수량사	~一下 / ~了一次 / ~了一回

2 答应

명사 + ~	老人~了 / 孩子~了 / 姑娘~了 / (那笔)现款~了
동사 + ~	需要~ / 用不着~ / 拒绝~ / 不宜~
형용사 + ~	纷纷~ / 顺口~ / 响亮地~ / 含糊地~ / 早~ / 基本~
~ + 명사	~的声音 / ~的腔调 / ~了朋友
~ + 형용사	~得响亮 / ~得清楚
~ + 수량사	~了一遍 / ~了几声

3 理解

명사 + ~	人民~(他) / 首长(完全)~(他的意思)
동사 + ~	得到~ / 获得(对方的)~ / 加深~
형용사 + ~	足够地~ / 准确地~ / 全面地~
~ + 명사	~这个问题 / ~这个文件 / ~这部作品
~ + 형용사	~对了 / ~得透彻 / ~得不准确
~ + 수량사	~一点 / ~了一次

4 科学

1) 名词

- 명사 + ～　　自然～ / 语言～ / 信息～
- 동사 + ～　　掌握～ / 运用～ / 信奉～
- 형용사 + ～　　基础～ / 边缘～ / 尖端～
- ～ + 명사　　～知识 / ～常识 / ～园地
- ～ + 동사　　～救国 / ～发展了
- ～ + 형용사　　～发达 / ～繁荣 / ～昌盛

2) 形容词

- 명사 + ～　　这方法很～ / 这规章不～ / 这程序很～
- 동사 + ～　　管理～ / 检验～ / 考察～
- 형용사 + ～　　特别～ / 确实～ / 的确～
- ～ + 명사　　～世界观 / ～方法论 / ～的程序

注 释

1 可不是吗

'可不是吗'는 '可不', '可不是' 등으로 표현하기도 하는데 상대방의 말에 동의함을 나타낸다.

1) A：咱们该去看看老李了。
   B：可不是吗，好久没去了。

2 自从打了这份小时工后

'自从'은 '~로 부터'의 의미로 과거에만 사용된다.

1) 自从他离开北京, 我们一直没见面。
2) 自从五月份以后, 我就没收到他的信。
3) 自从做生意以来, 我可从来没坑过人。
4) 自从担负这项工作以来, 就没有睡过一次安稳觉。

3 每天都跑来跑去的

'동사1 + 来~동사2 + 去'는 하나의 고정 격식을 이루어 동작이 반복됨을 나타낸다. 동사1과 동사2는 보통 동일한 동사일 경우가 많고 다르더라도 서로 비슷한 의미의 동사가 사용된다.

1) 孩子们在操场上跑来跑去。
2) 想来想去, 也想不出个好办法来。
3) 研究来研究去, 终于找出原因来了。
4) 翻来覆去, 怎么也睡不着。

4 哪敢啊

'哪'는 반어문에 쓰여 부정의 의미를 나타낸다.

1) 我不信,哪有这样的事?
2) 人们全到地里去了,村里哪还找得到他们?

练 习

1. 用正确的语调读出下面的句子：

❶ 他有句名言“书不离手，球不离脚”，够绝吧？呵呵。
❷ 去吧去吧，真是姑娘大了不中留呦！
❸ 瞎说什么呢你！拜拜。
❹ 我好像就是那种连喝口凉水都会长肉的人！
❺ 天！为了减肥你也真是能吃苦啊！
❻ 原来是这样啊，那我得赶快去书店买本减肥食谱好好研究研究了。

2. 用指定词语造句。

❶ 瞎
❷ 分享
❸ 自从
❹ 灵
❺ 苦头
❻ 折腾
❼ 搭配
❽ 拭目以待

3. 对话训练

请用下面的话题进行对话：

❶ 减肥
❷ 球迷
❸ 整容手术

4. 成段表达训练：

❶ 什么样的人可以称为“铁杆儿球迷”？

❷ 怎样做才能有效地减肥？

第 24 课

谈学习

情景 1

民秀　素英，你最近上课怎么老溜号？是不是有什么心事儿啊？

素英　没有啊！我也不知道为什么，总学不进去，老师讲的内容我左耳进，右耳出。

民秀　这可不行啊！期末考试即将来临，你应该打起精神，全力以赴地备战啊！

素英　这次考不好也无所谓，反正下学期我准备休学去中国，到时候再说吧！

民秀　你认为去中国就一定能学好汉语吗？

素英　当然，有了那种语言环境，不用硬背单词，自然而然地就能说好汉语。

民秀　环境固然重要[1]，但是如果没有做好充分的准备，去哪儿学都是徒劳。而且你现在没有目标，没有一定的语言基础，只会事倍功半。

素英　这一点我也知道，但是这段期间，不管我怎么努力，成绩总是一般，一点儿进展都没有。

民秀　那也不能灰心啊！语言这个东西不是一天两天就能学好的。一时地努力不能马上就见成效，它是在日积月累中提高的，

素英　你说得对，我应该再接再厉，不能这样自暴自弃。

民秀　还有学习方法也很重要，你应该多参加一些活动，我们学校就有一个汉语沙龙活动，是中国留学生们组织的，我每个星期都去参加，你也不妨去看看[2]。

素英　真的吗？我怎么不知道，竟有这样的好机会[3]。

民秀　其实你只要稍微留意的话，你就会发现在韩国也有很多学习汉语的好环境。

素英　看来，学中文也不是一定要去中国的。

生词

溜号	liūhào	몰래 도망치다
心事儿	xīnshìr	걱정거리, 고민
即将	jíjiāng	곧, 머지않아
来临	láilín	다가오다
全力以赴	quánlìyǐfù	전력투구하다
备战	bèizhàn	(전쟁, 시합)에 대비하다
硬背	yìngbèi	억지로 외우다
自然而然	zìránérrán	자연히, 저절로
固然	gùrán	물론~지만
徒劳	túláo	헛수고 하다
事倍功半	shìbèigōngbàn	많은 노력에 비해 성과가 적다
灰心	huīxīn	낙담하다
成效	chéngxiào	성과
日积月累	rìjīyuèlěi	세월이 쌓이다
再接再厉	zàijiēzàilì	한층 더 분발하다
自暴自弃	zìbàozìqì	자포자기하다
沙龙	shālóng	살롱(소규모의 모임)
不妨	bùfáng	무방하다, 괜찮다
留意	liúyì	주의하다

情景 2

浩杰　民乐队社团今天有演出，一起去看吧。

大浩　真不巧，我今天不能陪你去。

浩杰　有约在先吗？

大浩　不是，今天补习班有课。

浩杰　现在到补习班上课就像一股风，不管男女老少，都以智力投资、自我投资为名，去各种各样的补习班上课。想不到你也凑热闹。

大浩　我的外语底子太薄了，不补补，心里没谱。

浩杰　你的成绩不是很不错吗？

大浩　成绩不能百分之百地代表实力啊。我还差得远呢，得时刻努力才行。

浩杰　有那么多的时间吗？我觉得学校的功课就挺吃力的。你选了几学分？

大浩　十五。

浩杰　不是开玩笑吧。不是可以选二十学分吗？你怎么……

大浩　选了那么多课，消化不了怎么办？再说，我还参加了一些学校社团，时间不太够用[4]。

浩杰　教授教的课你不上，非得交钱去听补习班老师的课[5]，真让人不可理解。那四年毕不了业，怎么办啊？

大浩　现在能力不足的话，提前毕了业也没有用。所以我打算在校期间打好基础，学好专业，同时积极提高自己的各种工作能力。

生词

民乐队	mínyuèduì	농악대
社团	shètuán	동아리
有约在先	yǒuyuēzàixiān	선약이 있다
智力	zhìlì	지력, 지식
以～为名	yǐ～wéimíng	～명목 하에
凑热闹	còu rènao	함께 하다
底子	dǐzi	기초(실력)
薄	báo	약하다
没谱	méipǔ	자신이 없다
代表	dàibiǎo	드러내다, 나타내다
时刻	shíkè	늘, 언제나
非得	fēiděi	반드시～해야 한다
在校期间	zàixiàoqījiān	재학기간

词语搭配与扩展

1 来临

- 명사 + ～　　春天～ / 夏季～ / 敬老日～ / (好)日子～
- 동사 + ～　　欢迎(他的)～ / 要求(他)～ / 预感到(不幸即将)～
- 형용사 + ～　　迅速地～ / 迟迟地～ / 早早地～
- ～ + 명사　　～的时代 / ～的日子 / ～的新社会

2 精神

1) 名词

- 명사 + ～　　小伙子的～ / 老人的～ / 病人的～
- 동사 + ～　　提起～ / 打起～ / 振作～
- 수량사 + ～　　一点儿～
- ～ + 동사　　～振奋 / ～焕发 / ～抖擞
- ～ + 형용사　　～旺盛 / ～充沛 / ～饱满

2) 形容词

- 명사 + ～　　小伙子(挺)～ / 战士们(很)～ / 老人(很)～
- 동사 + ～　　显得～ / 说话(很)～ / 做事(很)～ / 变得～了 / 打扮得(很)～
- ～ + 명사　　(很)～的小伙子 / (挺)～的(一双)眼睛

3 目标

- 명사 + ～　　现代化的～ / 特务的～ / 中心～
- 동사 + ～　　寻找～ / 识别～ / 丧失～

- 형용사 + ～　主要～ / 合适的～ / 准确的～ / 宏伟～
- ～ + 명사　～的位置 / ～的方位 / ～的高度 / ～的内容 / ～的作用
- ～ + 동사　～确定了 / ～达到了 / ～瞄准了 / ～转移了
- ～ + 형용사　～模糊 / ～遥远 / ～远大 / ～切近

4 投资

- 명사 + ～　国家～ / 政府～ / 外商～
- 동사 + ～　企图～ / 搞～ / 实行～
- 형용사 + ～　巨额～ / 长久～ / 慷慨地～
- ～ + 명사　～财力 / ～物力 / ～设备 / ～教育
- ～ + 형용사　～得多 / ～得迅速 / ～得适当
- ～ + 수량사　～两次 / ～三回 / ～三年

5 积极

- 명사 + ～　团员(很)～ / 青年人(很)～ / 妇女(很)～
- 동사 + ～　学习～ / 工作～ / 干活～
- 형용사 + ～　真正地～ / 确实～ / 相当～
- ～ + 명사　～分子 / ～人物 / ～措施
- ～ + 동사　～地准备 / ～地筹划 / ～帮助

注 释

1 环境固然重要

'固然'은 '물론~지만, 이거니와'의 의미로 사용된다. 앞뒤 절은 의미상 상반되는 경우와 그렇지 않은 두 경우로 나뉜다.

1) 工作固然很忙, 但还是可以抽出一些时间来的。
2) 这样做, 好固然好, 可就是太费时间了。
3) 考上了固然很好, 考不上也不必灰心。

2 你也不妨去看看

'不妨'은 '~하는 것도 괜찮다'의 뜻으로 사용된다.

1) 你不妨试试。
2) 你们虽然不熟悉, 也不妨交换交换意见。
3) 你不妨也一块儿去一趟。
4) 你对他不放要求严格一些。

3 竟有这样的好机会

'竟'은 '의외로, 뜻밖에'의 의미로 '居然', '竟然'과 같다.

1) 找你半天, 竟在这儿碰上了。
2) 没想到他竟答应了。
3) 竟如此简单。
4) 速度竟快得惊人。

4 时间不太够用

'够'는 일부 단음절 동사와 결합해 '~하기에 충분하다, 넉넉하다'의 뜻으로 사용된다.

1) 够用
2) 够花了
3) 一个面包就够吃了吗？

5 非得交钱去听补习班老师的课

'非得'는 '一定要', '必须要'의 의미로 문장 끝에는 '不行' '不可'등을 붙일 수 있다. 어기가 아주 단호하고 확실하다. '~하지 않으면 안 된다, 반드시 ~해야 한다의 뜻이다.

1) 这件事非得你去(不行)。
2) 要学好一种外语，非得下苦功夫(不可)。
3) 这个问题，非得他解决。

练 习

1. 用正确的语调读出下面的句子：

❶ 我也不知道为什么，总学不进去，老师讲的内容我左耳听，右耳冒。
❷ 期末考试即将来临，你应该打起精神，全力以赴地备战啊！
❸ 你认为去中国就一定能学好汉语吗？
❹ 语言这个东西不是一天两天就能学好的。
❺ 成绩不能百分之百地代表实力啊。
❻ 现在能力不足的话，提前毕了业也没有用。

2. 用指定词语造句。

❶ 即将
❷ 全力以赴
❸ 徒劳
❹ 事倍功半
❺ 成效
❻ 有约在先
❼ 代表
❽ 底子

3. 对话训练

请用下面的话题进行对话：

❶ 自我投资
❷ 学校社团

4. 成段表达训练：

❶ 你认为怎样做才能提高汉语口语水平？

❷ 为了将来的工作，大学生在校期间有必要掌握哪些实用技术？

第 25 课

谈职业

国际教育展
ETS培训名师团队 www.ntoefl.com.cn
迎奥运,3月31日之前预定暑假班特惠300元,5月31日前优惠200元
新托福
7-8月雅思考生注意:
为奥运让行 雅思备考提前学
新学年春季班抢报! 3月10日/17日/24日
环球雅思学校
环球雅思
北京11所校区,全国62所分校,让雅思学在身边!
咨询电话 62126611
展会热点
世界名校现场招生录取讲座
雅思2008年首场官方政策发布
新托福第一季度考试题型讲解
国际
名校 数十国家展团,世界顶级名校大学云集
免费 免高额申请费,面试合格,现场发offer
礼品 精美时尚时差罗盘,世界名校大地图
留学讲座
如何申请英澳八大名校
加拿大留学签证策略
08留学欧亚热点
世界名校招生讲座
考试讲座区
官方讲座 08雅思考试趋势
雅思口语考官点评
08新托福网考趋势分析
北美名校申请策略
参展国家展团
单间出租
单间出租

情景 1

爱华 唉……

民秀 怎么了？有什么事情不开心么？

爱华 不是啦, 昨晚我做了个梦……

民秀 哦？什么梦？快说说看。

爱华 我梦见我变成了章子怡, 化身为《卧虎藏龙》中的“玉蛟龙”, 在一片翠绿的竹林中闻风舞剑呢……

民秀 哈哈, 可真是服了你了, 想做明星都想到梦里了？

爱华 哎, 甭提了[1], 我想把专业改成表演, 可我爸妈就是不同意啊, 所以最近一直都挺郁闷的。好了好了, 不说那些不开心的事了！你呢？外交官的梦想还没有变吗？

民秀 嗯, 我从小就一直梦想着做一名外交官, 幸好我考上了[2]素有“外交官摇篮”之称的外国语大学。这里优良的教学环境加上我个人的努力, 梦想的实现就指日可待了。

爱华 哇, 你的毅力真是惊人！那你父母怎么说？

民秀 他们啊, 都挺支持我的, 但看到我这么辛苦, 就经常拿“条条大路通罗马” 这句话来开导我, 叫我不要给自己太大的压力。

爱华 呵呵, 听你这么一说, 我的心情也好象跟着好了许多。

民秀 我想如果你真想要朝着自己的理想努力下去的话[3], 还是去和父母坐下来好好沟通沟通比较好吧？

爱华 嗯, 你说的对, 等今晚吃完饭我就再和他们心平气和地好好谈谈。

民秀 这就对了。有什么进展记得要发短信告诉我, 千万别忘了要和老朋友同乐哦！

爱华 忘不了你呐。

生 词

梦见	mèngjiàn	꿈에서 보다
翠绿	cuìlǜ	청록색(의)
郁闷	yùmèn	마음이 답답하다
梦想	mèngxiǎng	갈망하다
幸好	xìnghǎo	다행히
摇篮	yáolán	요람
优良	yōuliáng	우수한
教学环境	jiàoxué huánjìng	교육환경
指日可待	zhǐrìkědài	머지않아 실현되다
毅力	yìlì	의지력, 끈기
开导	kāidǎo	지도하다, 일깨우다
沟通	gōutōng	소통하다, 대화를 나누다
心平和气	xīnpínghéqì	차분하게

情景 2

大浩　今年的大学生就业情况怎么样？

素英　我想还是主要分三个就业走向。一个就是去银行、报社、大公司等；还有就是去外企打工，收入高还可以为日后自己创业或是出国留学积累资历；还有就是这两年随着国家公务员地位和待遇的逐步提高，报考国家公务员也成为就业的一大热点了。

大浩　我听说今年的毕业生总数比去年增加了百分之二十，这样就业不是更难了吗？

素英　是啊，今年的就业形势的确是不容乐观啊，不过，现在譬如一些IT、外语以及一些管理等方面的热门学科的就业选择还是很多的。

大浩　我还听说现在用人单位对毕业生的综合素质有了更为严格的要求。

素英　嗯，的确是这样。这不，现在的大学校园里就一直特别流行"考证热"什么计算机等级考试啦，托福、JPT、HSK等外语考试啦，还有什么会计师资格认证书、驾照……各种各样、五花八门，名目真是太多了！总之，就是证书越多，找工作的时候越有优势。

大浩　哎，现在一想，大学毕业就找个好工作可真不是件容易的事情啊，看来继续学习和深造也是种很好的选择。

素英　是啊，出国留学或者在国内考研也是种不错的选择。

大浩　今天真是谢谢您解答了我这么多问题。

素英　哪里哪里，"知无不言，言无不尽"嘛！

大浩　时间也不早了，那我就先告辞了。

素英　好，以后常来啊。

生词

走向	zǒuxiàng	경향
外企	wàiqǐ	외국기업
日后	rìhòu	장래
创业	chuàngyè	창업하다
积累	jīlěi	축적하다
资历	zīlì	이력
报考	bàokǎo	지원하다
热点	rèdiǎn	주요 관심사
不容	bùróng	~할 상황이 되지 못하다
譬如	pìrú	예를 들다
热门学科	rèménxuékē	인기학과
素质	sùzhì	소질, 자질
考证热	kǎozhèngrè	자격증 취득 열풍
会计师	kuàijìshī	회계사
认证书	rènzhèngshū	인증서
五花八门	wǔhuābāmén	다양하다
深造	shēnzào	깊이 있게 연구하다
知无不言，言无不尽	zhīwúbùyán, yánwúbújìn	알고 있는 것은 남김없이 다 말하다
告辞	gàocí	작별을 고하다

词语搭配与扩展

1 开心

- 명사 + ~　　表情~ / 神色~ / 话语~
- 동사 + ~　　旅游~ / 会餐~ / 聊天~ / 吃得~ / 玩得~
- 형용사 + ~　　特别~ / 真正~ / 确实~

2 同意

- 명사 + ~　　国务院~ / 领导~ / 父母~
- 동사 + ~　　希望~ / 要求~ / 盼望~
- 형용사 + ~　　欣然~ / 初步~ / 贸然~
- ~ + 명사　　~的态度 / ~的神情 / ~的口气 / ~(他的)观点 / ~(这种)见解
- ~ + 형용사　　~得痛快 / ~得及时 / ~得坚定
- ~ + 동사　　~结婚 / ~会谈 / ~决策

3 沟通

- 명사 + ~　　两国(互相)~ / 南北(正)~ / 航路~ / 公路~ / 感情
- 동사 + ~　　促进~ / 得到~ / 争取~
- 형용사 + ~　　努力~ / 大体~ / 直接~
- ~ + 명사　　~的方式 / ~的途径 / ~的渠道
- ~ + 형용사　　~得顺利 / ~得困难
- ~ + 수량사　　~一下 / ~一阵 / ~一番

4 提高

- 명사+～　　学员～了(水平) / 效率～了 / 技术～了
- 동사+～　　得到～ / 获得～ / 阻止～
- 형용사+～　　大大～ / 显著～ / 大幅度～
- ～+명사　　～效果 / ～觉悟 / ～修养 / ～工资
- ～+형용사　　～得多 / ～得迅速 / ～得明显
- ～+수량사　　～两次 / ～三回 / ～两倍

5 乐观

- 명사+～　　性格～ / 情绪～ / 前途～
- 동사+～　　保持～ / 保证～ / 充满着～
- 형용사+～　　盲目～ / 过分～ / 无比～
- ～+명사　　～精神 / ～心情 / ～的态度
- ～+형용사　　～得厉害
- ～+동사　　～地估计 / ～地展望 / ～地计划着
- ～+수량사　　～一点 / ～一些

注 释

① 甭提了

'甭'은 '不用'의 음이 합쳐진 것으로 구어에 주로 사용되는데 '금지' 또는 '필요 없음'의 의미를 나타낸다.

1) 你甭管。
2) 您甭生气。
3) 这以后的事你都清楚，我就甭讲了。
4) 人手已经够了，甭派人去了。

② 幸好我考上了

'幸好'는 '다행히, 운좋게'의 의미로 유리한 여건 덕분에 요행히 나쁜 결과를 피했음을 나타낸다. 통상 문두에 위치한다.

1) 幸好他眼急手快，拉住了我。
2) 幸好你提醒了我，不然我就忘了。
3) 他不小心摔了下来，幸好下面是块沙地，才没有摔伤。
4) 没想到明天就出发，幸好我们早有准备，不然就来不及了。

③ 朝着自己的理想努力下去的话

'~下去'는 '내려가다'의 방향 의미 외에도 일부 동사 뒤에 붙어 '어떤 동작이나 상태가 여전히 지속됨'을 나타내기도 한다.

1) 你再讲下去。

2) 少了两个人，工作还得搞下去。
3) 事实还不清楚，再讨论下去也没用。
4) 他忍耐不下去了。

练 习

1. 用正确的语调读出下面的句子：

❶ 怎么了？有什么事情不开心么？
❷ 哈哈，可真是服了你了，想做明星都想到梦里了？
❸ 这里优良的教学环境加上我个人的努力，梦想的实现就指日可待了。
❹ 我还听说现在用人单位对毕业生的综合素质有了更为严格的要求。
❺ 总之，就是证书越多，找工作的时候越有优势。
❻ 哪里哪里，"知无不言，言无不尽"嘛！

2. 用指定词语造句。

❶ 指日可待
❷ 毅力
❸ 开导
❹ 积累
❺ 增加
❻ 五花八门
❼ 沟通
❽ 不容

3. 对话训练

请用下面的话题进行对话：

❶ 考证热
❷ 热门学科
❸ 考研

4. 成段表达训练：

❶ 在韩国的大学里，哪些专业是热门的专业？哪些属于冷专业？

❷ 在韩国，哪些工作是年轻人最希望得到的工作？说出为什么。

❸ 如果你是用人单位的负责人，你希望用什么样的人？说说你的理由。

중급 중국어 회화

초판 인쇄 2008년 3월 21일
초판 발행 2008년 3월 31일

엮은이 ▪ 한국외국어대학교 중국어과

펴낸이 ▪ 박 철

펴낸곳 ▪ 한국외국어대학교 출판부
130-791 서울특별시 동대문구 이문동 270
전화 : (02)2173-2495 ~ 2497
팩스 : (02)2173-3363
홈페이지 : http://press.hufs.ac.kr
전자우편 : press@hufs.ac.kr

출판등록 ▪ 제6-6호(1969. 4. 30)

편집 · 디자인 ▪ (주)이환D&B (02)2254-4301

인쇄 · 제본 ▪ 삼진피앤씨(주) 2271-0860

ISBN 978-89-7464-486-4 18720 정가 14,000원(CD포함)

* 잘못된 책은 교환하여 드립니다.